Biblisch trösten

Die Bibel als Lehrbuch des Tröstens

Klaus Schäfer

© Alle Rechte liegen beim Autor: Klaus Schäfer

Herstellung und Verlag: BoD - Books on Demand, Norderstedt

Regensburg 2021

ISBN 9783755751250

0 Vorspann

0.1 Inhaltsverzeichnis

0.2 Die Bibel als Trostbuch

Trost, ein biblischer Auftrag

Tröstet, tröstet mein Volk, spricht euer Gott. (Jes 40,1)

Dieses im 6. Jh. v.C. geschriebene Wort gilt heute, nach über 2.500 Jahren, nicht minder. Es gilt, so lange es Trauernde auf der Erde gibt. Damit ist dieses Jesaja-Wort zeitlos gültig.

Im Prinzip wollen alle Menschen trösten, doch wo lernen wir es? Wer lehrt uns Trösten? - Nach 10 Jahren intensiver Tätigkeit mit Eltern, deren Kind während der Schwangerschaft gestorben ist und und über 15 Jahren Klinikseelsorge muss ich sagen, dass man Trösten vor allem von Leidenden lernen kann. So entstand das im Jahr 2009 erschienene Buch „Trösten – aber wie?" Es erschien im Jahr 2017 in der 4. Auflage.

Auch den Verfassern der Bibel ist Leid nicht fremd. So berichtet die Bibel in unterschiedlicher Weise immer wieder von leidenden Personen, Gruppen oder ganzen Völkern. Daher ist es nicht verwunderlich, dass auch die Bibel ein Lehrbuch des Tröstens und des Trostes ist.

0.3 Informationen zum Buch

Trauernde und Leidende

Trost brauchen nicht nur Trauernde, denen ein nahestehender Mensch gestorben ist. Trost brauchen alle Menschen, die in irgend einer Art und Weise Leid erfahren haben. Mag es die zerbrochene Freundschaft, Partnerschaft oder Ehe sein, mag es die heilbare oder unheilbare Krankheit sein, mag es der ungewollte Wechsel von Arbeitsplatz oder Wohnung sein. Immer handelt es sich um Leid, das nach Trost schreit.

Aus diesem Grunde benennt dieses Buch meist „Leidende". Der Terminus „Trauernde" wird nur im Zusammenhang von Todesfall benutzt. Ansonsten sind es immer die „Leidenden". Damit soll auch dem Leser dieses Buches der Blick von den „Trauernden" hin zu den „Leidenden" geöffnet werden.

Tröster und Begleiter

„Tröster" wird in diesem Buch immer dann verwendet, wenn es sich um falsche Tröster handelt, die es zwar gut meinen, aber nicht wirklich trösten, mitunter sogar weiteres Leid hinzu fügen.

Trost geschieht meist durch Begleitung, mit allen ihren Aktivitäten. Es beginnt mit der Kontaktaufnahme und dem Zuhören. Trost geschieht nicht nur in einer einzelnen kurzen Begegnung, sondern vor allem in einem längeren Gespräch und in einer mitunter wochen- oder gar jahrelangen Begleitung. Daher wird in diesem Buch der wahrhaft tröstende Mensch „Begleiter" genannt.

Unterschied von trösten und Trost

Trösten unterscheidet sich vom Trost darin, dass Trösten die Aktivität ist, der Trost hingegen die Wirkung am Leidenden. Auch der Leidende kann etwas tun, was ihn tröstet. Doch oft ist Trösten die von einem Begleiter ausgehende Tätigkeit. Sie wird beim Leidenden erst zum Trost, wenn sie tröstlich wirkt. Andernfalls war es vom Begleiter nur ein Versuch bzw. ein Angebot des Trostes, das jedoch nicht zum Trost wurde.

Begleiter sollten sich damit nicht zu sehr unter Leistungsdruck setzen. Natürlich ist es der Trost, den man gerne als Erfolg erleben möchte. Doch besonders im frischen Leid wirkten alleine das Dasein und das Zuhören oft tröstlich.

Nicht oberflächlich über das Leid hinweg gehen, sondern in die Tiefen des Leids und damit des Leidenden – dieser steckt im Leid – hinabgehen, wirkt oft schon tröstlich.

Hintergründe

Wenn man einige Hintergründe über die Entstehung der biblischen Texte kennt, versteht man sie in einem anderen Kontext. Man versteht dann nicht nur den tieferen Sinn dieses Textes, sondern kann in der praktischen Seelsorge, im Gespräch oder in einer Ansprache darauf eingehen. Daher wird es bei einzelnen Unterkapiteln einen Abschnitt „Hintergründe" geben.

Gliederung des Buches

Auch wenn die beiden großen Kapitel „Trauer und Trost im AT" und „Trauer und Trost im NT" heißen, so ist dies nur eine allgemeine Orientierung, keine strikte Trennung. Es wird in diesen beiden Kapiteln nur der Schwerpunkt auf das AT bzw. das NT gelegt.

1 Trauer und Trost im AT

Zunächst ist darauf hinzuweisen, dass es beim frischen Leid keinen Trost gibt. Es ist wie bei einer frischen Wunde. Jede noch so zarte Berührung löst weiteren Schmerz aus. Diese Menschen wollen sich nicht trösten lassen. Ein in der Weltliteratur einmaliger Text und ein echtes Lehrbuch des Tröstens ist das Buch Ijob.

1.1 Ijob, ein Lehrbuch des Tröstens

Das Buch Ijob ist ein wahres Lehrbuch des Tröstens. Es enthält zahlreiche Hinweise und Beispiele, wie Trost erfolgen kann, aber auch, was kein Trost ist. Auf vorbildliche wie auch verletzende Stellen sei hier hingewiesen.

1.1.1 Vorbemerkung

Das Buch Ijob wurde vor dem Jahre 200 v.C. von einem unbekannten Autor geschrieben. Von der Gattung her gehört es zur literarischen Dichtung.[1] Den Bezug zum Leben hat es in dem Versuch einer Antwort auf die Theodizee-Frage. Warum trifft auch den Gerechten Leid?

Durch die ganze Menschheitsgeschichte hindurch – bis in die Gegenwart hinein – sahen Menschen das erfahrene Leid als eine Strafe Gottes an. Traf böse Menschen Leid, sahen einige Menschen dies mit einem gewissen Maß an Schadenfreude als Strafe Gottes. Traf einen Gerechten Leid,[2] frag(t)en sich die Menschen, wie Gott dieses Leid nur zulassen konnte. Diese Gerechten müssten doch von Gott belohnt werden, nicht bestraft.

Dieser Diskrepanz stellte sich der Autor des Buches Ijob. Er schuf mit seinem Werk nicht nur eine Antwort, sondern ein Werk, das Eingang in die Weltliteratur fand. Dieses Buch wurde in die Bibel aufgenommen. Diese Geschichte wurde in den Koran aufgenommen. Damit ist diese Antwort im Bewusstsein aller abrahamitischen Religionen, d.h. bei rund 50 % der Weltbevölkerung.

---

1 In Ijob 1,6 heißt es, dass die Göttersöhne vor Gott hin traten, „unter ihnen kam auch der Satan". - Wie kann ein Mensch wissen, was im Himmel geschieht? Dies ist nur dadurch erklärbar, dass das Buch Ijob eine literarische Dichtung ist.

2 Vielleicht war der Autor des Buches Ijob selbst der Leidende, der sich als Gerechter ansah. Die Gespräche mit seinen Freunden lassen darauf schließen, denn es sind bis heute die Worte vieler Menschen, die versuchen, Leidende zu trösten.

1.1.2 Ijobs Leid

Ijob wird vom Autor als ein reicher,[3] angesehener[4] und gottesfürchtiger[5] Mann beschrieben.

> Seinesgleichen gibt es nicht auf der Erde, so untadelig und rechtschaffen, er fürchtet Gott und meidet das Böse. (Ijob 1,8)

Es gab allen Grund, dass Gott ihn segnen müsste, aber keinen Grund, dass Gott ihn mit Leid überschütten müsste. Dennoch erfuhr Ijob eine Reihe von schweren Schicksalsschlägen:

1. Zunächst wurden ihm alle seine Herden gestohlen (d.h. er verlor seinen ganzen Besitz).[6]

2. Dann starben alle seine Kinder beim Einsturz eines Hauses (d.h. er verlor alle seine Nachkommen).[7]

> Diese Nachricht überbrachten Boten. Daher werden besonders schlimme Mitteilungen noch heute „Hiobsbotschaften" genannt.

> Nun stand Ijob auf, zerriß sein Gewand, schor sich das Haupt, fiel auf die Erde und betete an. Dann sagte er: Nackt kam ich hervor aus dem Schoß meiner Mutter; nackt kehre ich dahin zurück. Der Herr hat gegeben, der Herr hat genommen; gelobt sei der Name des Herrn. Bei alldem sündigte Ijob nicht und äußerte nichts Ungehöriges gegen Gott.(Ijob 1,20-22)

---

3   Nach Ijob 1,3 besaß Ijob 7.000 Stück Kleinvieh, 3.000 Kamele, 500 Joch Rinder, 500 Esel und dazu zahlreiches Gesinde.

4   An Ansehen übertraf dieser Mann alle Bewohner des Ostens. (Ijob 1,3)

5   Früh am Morgen stand er auf und brachte so viele Brandopfer dar, wie er Kinder hatte. Denn Ijob sagte: Vielleicht haben meine Kinder gesündigt und Gott gelästert in ihrem Herzen. (Ijob 1,5)

6   Da kam ein Bote zu Ijob und meldete: Die Rinder waren beim Pflügen, und die Esel weideten daneben. Da fielen Sabäer ein, nahmen sie weg und erschlugen die Knechte mit scharfem Schwert. Ich ganz allein bin entronnen, um es dir zu berichten. Noch ist dieser am Reden, da kommt schon ein anderer und sagt: Feuer Gottes fiel vom Himmel, schlug brennend ein in die Schafe und Knechte und verzehrte sie. Ich ganz allein bin entronnen, um es dir zu berichten. Noch ist dieser am Reden, da kommt schon ein anderer und sagt: Die Chaldäer stellten drei Rotten auf, fielen über die Kamele her, nahmen sie weg und erschlugen die Knechte mit scharfem Schwert. Ich ganz allein bin entronnen, um es dir zu berichten. (Ijob 1,14-16)

7   Noch ist dieser am Reden, da kommt schon ein anderer und sagt: Deine Söhne und Töchter aßen und tranken Wein im Haus ihres erstgeborenen Bruders. Da kam ein gewaltiger Wind über die Wüste und packte das Haus an allen vier Ecken; es stürzte über die jungen Leute, und sie starben. Ich ganz allein bin entronnen, um es dir zu berichten. (Ijob 1,18f)

Die Worte „Der Herr hat gegeben, der Herr hat genommen; gelobt sei der Name des Herrn." (Ijob 1,21) wurden zu geflügelten Worten des Heroismus. Doch so heroisch war Ijob nicht. Es kamen von ihm noch ganz andere Worte.

Dem Verfasser des Buches Ijob war es jedoch wichtig, hervor zu heben, dass bei allem bisherigen Leid Ijob nicht sündigte und nichts Ungehöriges gegen Gott sprach.

3. Schließlich bekam Ijob am ganzen Körper bösartige Geschwüre (d.h. er verlor seine Gesundheit).[8]

Damit war Ijobs Leid voll. Er hatte seinen ganzen Besitz, alle seine Kinder und seine Gesundheit verloren. Als Aussätziger war ihm Kontakt zu Gesunden untersagt, damit er diese nicht anstecke. Aussatz war damit nicht nur eine Krankheit, sondern war als unheilbare Krankheit mit dem sozialen Tod gleichzusetzen.[9] Damit gehörte Ijob weniger zu den Lebenden als mehr zum Totenreich.

1.1.3 Ijobs Standfestigkeit

Wenn Menschen schweres Leid trifft, stellen sie nicht nur Gott in Frage. Sie wollen mitunter von Gott nichts mehr wissen, zuweilen leugnen sie auch die Existenz Gottes.[10]

In vorchristlicher Zeit, wenn Gott einen Menschen nicht vor schwerem Leid bewahrte, wurde dieser Gott meist verworfen und nach einem anderen Gott gesucht, der einen beschützen sollte. Auf diesem Hintergrund sind die weissagenden Worte des Satans Gott gegenüber zu verstehen:

---

8 Nun geschah es eines Tages, da kamen die Gottessöhne, um vor den Herrn hinzutreten; unter ihnen kam auch der Satan, um vor den Herrn hinzutreten. Da sprach der Herr zum Satan: Woher kommst du? Der Satan antwortete dem Herrn: Die Erde habe ich durchstreift, hin und her. Der Herr sprach zum Satan: Hast du auf meinen Knecht Ijob geachtet? Seinesgleichen gibt es nicht auf der Erde, so untadelig und rechtschaffen; er fürchtet Gott und meidet das Böse. Noch immer hält er fest an seiner Frömmigkeit, obwohl du mich gegen ihn aufgereizt hast, ihn ohne Grund zu verderben. Der Satan antwortete dem Herrn und sagte: Haut um Haut! Alles, was der Mensch besitzt, gibt er hin für sein Leben. wahrhaftig, er wird dir ins Angesicht fluchen. Da sprach der Herr zum Satan: Gut, er ist in deiner Hand. Nur schone sein Leben! Der Satan ging weg vom Angesicht Gottes und schlug Ijob mit bösartigem Geschwür von der Fußsohle bis zum Scheitel. (Ijob 2,1-7)

9 Im Mittelalter wurden für Menschen, die an Aussatz erkrankten, mit dem Ausschluss aus der sozialen Gemeinschaft ein Requiem (Totenmesse) gefeiert. Sie waren für die Gesellschaft mit ihrer Erkrankung gestorben.

10 Das ist der Ansatz der Theodizee-Frage: Wie kann es angesichts des Leids einen (gerechten) Gott geben?

Aber streck nur deine Hand gegen ihn aus, und rühr an all das, was sein ist; wahrhaftig, er wird dir ins Angesicht fluchen. (Ijob 1,11)

So lässt der Autor des Buches Ijob nach dem Verlust von Besitz, Kindern und Gesundheit seine Frau zu Ijob sagen:[11]

Lästere Gott, und stirb! (Ijob 2,9)

Für uns sind dies harte Worte, die in dieser Weise heute kaum gesprochen werden. Die Haltung, die hinter diesen Worten steckt, ist heute allerdings in vielfältiger Weise anzutreffen. Es ist eine Anfrage an unsere Leidensfähigkeit: Sind wir fähig, das Leid des anderen auszuhalten? Sind wir fähig, einen Teil des Leides mitzutragen und daran Anteil zu nehmen? Sind wir dazu fähig und willig?

In manchen Fällen leidet der andere gar nicht, oder zumindest nicht in so starkem Maße, wie wir es empfinden. Schließlich nehmen wir das Leid mit unseren Augen als Außenstehende wahr und wissen oft gar nicht, wie der andere dies empfindet. Oft fragen wir auch gar nicht nach, sondern gehen von unserem eigenen Urteil aus. Wir bilden ein Vorurteil, weil wir gar nicht den Betreffenden fragen, sondern auf unser eigenes Urteil vertrauen.

Eines der gravierendsten Beispiele hierzu sind die Menschen mit Downsyndrom. Viele dieser Menschen sind glücklich, oft glücklicher als wir Gesunde. Sie empfinden sich nicht als Leidende. Sie nehmen ihr Anderssein nicht als Leid wahr. - Wir Gesunde sind es, die an den Menschen mit Downsyndrom leiden. Ihr Anblick sagt uns, dass auch wir so hätten sein könnten. Ein solches Leben wollen wir aber nicht führen. Aus diesem Grunde werden vorgeburtliche Untersuchungen auf Trisomie 21 durchgeführt. Bei entsprechendem Befund wird den Eltern zum Schwangerschaftsabbruch geraten. Wir urteilen: Stirb!

In über 2.200 Jahren Geschichte der Menschheit hat sich seit der Niederschrift des Buches Ijob wenig geändert. Wir Gesunde können es schlecht ertragen, dass andere Menschen nicht so sind wie wir. Daher müssen diese weg, zumindest aus unserem Blickfeld.

In seinem Leid stellte sich seine Frau gegen Ijob. Daher tadelte er sie:

Wie eine Törin redet, so redest du. Nehmen wir das Gute an von Gott, sollen wir dann nicht auch das Böse annehmen? (Ijob 2,10)

---

11 Auch dies stützt die These, dass der Verfasser des Buches Ijob selbst der Leidende war, der eine Antwort auf sein Leid suchte. Zumindest muss in seinem persönlichen Umfeld ein Gerechter großes Leid erfahren haben. So treffend und präzise kann ein Mensch sonst Leid kaum beschreiben.

Aus dieser Antwort spricht eine tiefe Gottergebenheit. Ijob hatte die Haltung, das Gute und das Böse aus Gottes Hand anzunehmen. Er wollte nicht gegen das Böse aufbegehren. Diese tiefe Gottergebenheit ist nicht jedem Menschen gegeben. Aber man kann sie anstreben und erlernen.

Aus dieser Antwort spricht auch die Erkenntnis, dass es in der Welt Leid gibt. Dieses Leid nimmt Ijob als gottgegeben hin und nimmt es an. Er hinterfragt es nicht. Er stellt keine Warum-Frage.

Als Begleiter ist es wenig hilfreich, den Leidenden auf diese Haltung Ijobs hinzuweisen. Sie kann jedoch für den Leidenden selbst eine wertvolle Hilfe sein, mit dem Leid anderer wie auch mit dem eigenen Leid besser umgehen zu können.

1.1.4 Ijobs Freunde - vorbildlich

Nachdem Ijobs Ehefrau ihn zum Lossagen von Gott und anschließendem Sterben aufgefordert hat, lässt der Autor Ijobs Freunde auftreten.[12]

> Die drei Freunde Ijobs hörten von all dem Bösen, das über ihn gekommen war. Und sie kamen, jeder aus seiner Heimat: Elifas aus Teman, Bildad aus Schuach und Zofar aus Naama. Sie vereinbarten hinzugehen, um ihm ihre Teilnahme zu bezeigen und um ihn zu trösten. Als sie von fern aufblickten, erkannten sie ihn nicht; sie schrien auf und weinten. Jeder zerriss sein Gewand; sie streuten Asche über ihr Haupt gegen den Himmel. Sie saßen bei ihm auf der Erde sieben Tage und sieben Nächte; keiner sprach ein Wort zu ihm. Denn sie sahen, dass sein Schmerz sehr groß war. (Ijob 2,11-13)

Die drei Freunde Ijobs vereinbarten, gemeinsam zu Ijob zu gehen, „um ihm ihre Teilnahme zu bezeigen und um ihn zu trösten". Damit hatten sie jeweils nur ein Drittel der Last der Trauer Ijobs zu tragen. Zu schwer erschien ihnen Ijobs Leid für einen einzelnen. Daher taten sie sich zusammen, getreu dem Spruch „geteiltes Leid ist halbes Leid". Sie ahnten, dass es sehr schwer sein würde, Ijob in seiner Situation zu trösten.

„Als sie von fern aufblickten, erkannten sie ihn nicht; sie schrien auf und weinten. Jeder zerriss sein Gewand; sie streuten Asche über ihr Haupt gegen den Himmel." Noch bevor sie ihn berührt hatten, bevor sie ihm nahe gekommen waren, trauerten sie mit Ijob, denn zu groß erschien ihnen sein Leid. Langsam tasteten sie sich zum eigentlichen Leid Ijobs vor. Aufschreien, weinen, sein Gewand zerreißen und Asche gegen den Himmel streuen ist Ausdruck dieser Trauer. - Oft wird gar nicht

---

12 Wahre Freunde zeigen sich in der Not. Sie lassen einen nicht im Stich, wenn einem der Wind des Lebens ins Gesicht bläst, sondern stehen dem Leidenden bei. Gemeinsam stehen sie das Schwere durch. - Auch diese Erfahrung scheint der Autor des Buches Ijob gemacht zu haben.

abgewartet, bis sich durch die Beschreibung des Leidenden dem „Tröster" das ganze Leid erschließt. Immer wieder wird gleich nach den ersten Sätzen versucht, Trost zu spenden. „Tröster" weinen nicht erst einmal mit dem Leidenden, sondern kommen vorschnell und damit nicht nur völlig deplatziert, sondern auch völlig danebenliegend, mit voreiligen Trostversuchen, die nicht trösten, sondern verletzen.

Dann saßen die drei Freunde Ijobs sieben Tage und Nächte sprachlos bei Ijob. Die Schwere seines Leids machte sie stumm. Was soll man da sagen? Ist da nicht jedes Wort zu viel?

Schweres Leid macht sprachlos. Es gilt, diese Stille der eigenen Betroffenheit zuzulassen, sie auszuhalten und sie dem Leidenden zu zeigen. Auch dies ist Trauerarbeit, die der Begleiter leisten sollte. Nur eine Minute des betroffenen Schweigens ist für manche unserer Zeitgenossen eine schier unlösbare Aufgabe und Überforderung. Die drei Freunde Ijobs saßen sieben Tage und Nächte sprachlos mit ihm zusammen. - Oft wird das Schweigen und die Sprachlosigkeit von „Tröstern" nicht ausgehalten. Die eigene Sprachlosigkeit wird mitunter verbal zugegeben, dann aber mit einem Wortschwall zerredet. Zuweilen geschieht dies auch in liturgischen Vorlagen für Beerdigungen.

Wenn von Ijob die Rede ist, so denken viele Menschen erst einmal an seine heroische Reaktion nach der Mitteilung, dass ihm seine Herden gestohlen und seine Kinder gestorben sind: „Der Herr hat gegeben, der Herr hat genommen; gelobt sei der Name des Herrn." (Ijob 1,21) Ijob ist jedoch auch zu ganz anderen Äußerungen fähig:

> Danach tat Ijob seinen Mund auf und verfluchte seinen Tag. Ijob ergriff das Wort und sprach: Ausgelöscht sei der Tag, an dem ich geboren bin, die Nacht, die sprach: Ein Mann ist empfangen. (Ijob 3,1-3)

Nach sieben Tagen der schweigenden Anteilnahme seiner drei Freunde war es Ijob möglich zu sprechen. Es bedurfte keiner Frage, keiner Einladung, keiner Aufforderung. Es sprudelte freiwillig aus ihm heraus, denn da waren Freunde, die nicht oberflächlich über sein Leid hinweg gingen. Sie nahmen sich Zeit, sie waren bereit zum Zuhören, zum Mittragen, zum Anteilnehmen.

Oft braucht es Zeit, damit der Leidende über das plötzlich über ihn hereingebrochene Schicksal sprechen kann - manchmal nicht nur Minuten, sondern auch Stunden, zuweilen sogar Tage. Es tut den Leidenden gut, wenn man ihnen diese Zeit lässt und das Schweigen so lange einfach nur aushält. Es ist eine für sie sehr wichtige Zeit.

Aus Ijobs Worten klang nun keine Gottergebenheit, sondern eine große Verbitterung und Verzweiflung. Ijob war aller Lebenswille und Lebensmut geschwunden. Er war auf seinem seelischen Tiefpunkt angekommen und verfluchte die Nacht seiner Empfängnis und den Tag seiner Geburt.

Leidenden steht es zu, so zu reden. Es ist gleichsam das Ventil ihrer Betroffenheit. Es ihnen zu verwehren bedeutet, diesen Weg der Trauer zu verwehren. Manchmal ist es für den Leidenden der einzige Weg, der ihm im Augenblick möglich ist. Ihm diesen Weg zu verwehren bedeutet, ihn weiteres Leid zuzufügen.

So verhielten sich die Freunde Ijobs gegenüber Ijob bis Ende des 3. Kapitels vorbildlich und tröstend.

1.1.5 Ijobs Freunde - negativ

Ab dem 4. Kapitel verhielten sich die Freunde Ijobs so, wie sich viele (religiöse) Menschen in solchen Situationen verhalten. Sie versuchten, die Ursache seines Leids zu erklären. Für sie war klar: Ijob muss irgendwie gesündigt haben. Gott straft ihn nun dafür. Anders sei sein Leid nicht zu erklären.

Der Drang nach einer Antwort

Wir Menschen bemühen uns, auf erfahrenes Leid eine Antwort zu finden. Wir wollen die Welt, in der wir leben, verstehen. Dabei fragen wir uns nicht immer, ob die Antwort logisch und sachlich korrekt ist. Wenn es eine Antwort ist, mit der wir gut leben können, sind wir damit zufrieden. Hierzu zwei deutliche Beispiele zum gleichen Sachverhalt:

In den Jahren 2004 bis 2012 führte ich Online-Umfragen unter Müttern durch, deren Kind während der Schwangerschaft verstorben ist. Dabei stellte ich auch die Frage, was ihrer Meinung nach zum Tod ihres Kindes geführt hat. Eine Frau antwortete, dass sie auf einer Party mehrere Schachteln Zigaretten geraucht und sich besinnungslos betrunken hat. Eine andere Frau antwortete, dass sie einmal an einem Sektglas genippt hat.

Bei der ersten Frau trug wohl ihr hoher Konsum an Nikotin und Alkohol dazu bei, dass das Kind gestorben ist. Bei der zweiten Frau war das Nippen an einem Sektglas sicherlich nicht der Grund für den Tod ihres Kindes. Dies ist jedoch für die Frau wohl unwesentlich. Mit dieser faktisch falschen Antwort kann sie offensichtlich besser leben als für dieses tragische Ereignis keine Antwort zu haben.

In diese Falle geraten Leidende wie auch Begleiter. Beide wollen gerne auf die Frage nach der Ursache des erfahrenen Leids eine Antwort haben bzw. eine Antwort geben. Begleiter sollten hier zwei Stolpersteine beachten:

1. Frage nach der Ursache

   Wenn vom Leidenden die Frage nach der Ursache gestellt wird, sollte der Begleiter der Versuchung widerstehen und keine Antwort geben. Auch wenn er sich sicher ist, die objektiv richtige Antwort zu kennen, sollte er damit zurückhaltend sein. Statt dessen sollte er dem Leidenden selbst zu seiner Antwort verhelfen.

2. Antwort auf die Ursache

   Zuweilen finden Leidende auf die Frage nach der Ursache ihres Leids eine Antwort, die sachlich völlig daneben liegt und/oder die für den Begleiter keinesfalls eine akzeptable Antwort ist. Hierbei sollte sich der Begleiter dessen bewusst sein, dass es nicht um ihn und sein Wohlbefinden geht, sondern um das des Leidenden. Wenn dieser für sich eine noch so falsche Antwort gefunden hat (siehe oben), dann hat er für sich eine Antwort gefunden. Meist hilft ihm diese irrende Antwort, das Leid (besser) zu ertragen.

   Wenn jedoch mit der Antwort andere Menschen ungerechtfertigt beschuldigt werden, sollte sich der Begleiter überlegen, ob er diese Antwort hinterfragen muss. Schließlich geht es hierbei um die Rehabilitation eines Unschuldigen.

   Grundsatz: Gott muss nicht rehabilitiert werden. Gott hält der stärksten und ungerechtesten Anklage stand.

Der Tun-Ergehen-Zusammenhang

Menschen glauben gerne an einen allmächtigen Gott, der zu den guten Menschen gut ist und die bösen Menschen bestraft. „Tu´ Gutes, und Gott wird es dir gut ergehen lassen. Wenn du jedoch sündigst, wird dich Gott dafür bestrafen", lautet die Kernaussage des Tun-Ergehen-Zusammenhangs. Eine der ältesten Aufzeichnungen, dieses Denkens und des dahinterstehenden Gottesbildes stammt von Ptahhotep (Ägypten, um 2.350 v.C.):

Immer wird der bestraft, der die Maat übertritt, doch dem Ungebildeten scheint das (Totengericht) etwas Fernes zu sein, und das Verbrechen rafft weiterhin Schätze zusammen. Doch wenn das Ende da ist, bleibt allein die Maat, so dass ein Mann sagen kann: „Das ist die Habe meines Vaters!"

Setze ein Vorbild, biete keinen Anstoß. Festige die Maat, dann werden deine Kinder leben.[13]

---

13 Ptahhotep. Zitiert nach: Helmut Brunner (Hg.): Die Weisheitsbücher der Ägypter. Düsseldorf 1998, 82-86.

Dieser Tun-Ergehen-Zusammenhang zeigt sich auch in verschiedenen Stellen der Bibel. Dies wird an den folgenden Worten deutlich, echte Plagiate zu o.g. Zitat von Ptahhotep:

Ehre deinen Vater und deine Mutter, damit du lange lebst in dem Land, das der HERR, dein Gott, dir gibt! (Ex 20,12)

Leben und Tod lege ich dir vor, Segen und Fluch. Wähle also das Leben, damit du lebst, du und deine Nachkommen. (Dtn 30,19)

Ich habe doch kein Gefallen am Tod dessen, der sterben muss - Spruch GOTTES, des Herrn. Kehrt um, damit ihr am Leben bleibt! (Ez 18,32)

Dieses Denken des Tun-Ergehen-Zusammenhangs gab es zur Zeit der Verfassung des Buches Ijob. Doch die Erfahrung zeigte, dass Leid auch den wahrhaft Gerechten trifft. Diese Erfahrung war unvereinbar mit dem althergebrachten Gottesbild. Die Theodizee-Frage bedarf einer neuen und tragfähigen Antwort:

Wenn Gott allmächtig ist, müsste er das Leid der Gerechten beenden oder gar verhindern können. Andernfalls kann Gott nicht als gerecht und gut angesehen werden. Das Buch Ijob wurde aus genau diesem Grunde geschrieben. Es versucht, eine akzeptable Antwort auf die Theodizee-Frage zu geben. Doch hierzu zeigt es erst das vorherrschende Denken auf, das den Trauernden in seiner Situation keinesfalls tröstet.

Anwalt Gottes

Elifa betonte die Schuld der Menschen: „Wer geht ohne Schuld zugrunde?" (4,7), „Wer Unrecht pflügt, wer Unrecht sät, der erntet es auch." (4,8), „Ist wohl ein Mensch vor Gott gerecht, ein Mann vor seinem Schöpfer rein?" (4,17).

Bildads Worte weisen auf einen Gott hin, der keine Fehler macht, der gerecht ist: „Beugt etwa Gott das Recht, oder beugt der Allmächtige die Gerechtigkeit?" (8,3)

Die Freunde Ijobs machten sich damit zu Anwälten Gottes. Sie ließen nicht zu, dass Gottes Handeln in Frage gestellt wird, dass Gott ungerechtes Handeln vorgeworfen wird. Elifa ging sogar so weit, dass er danach fragte, ob es überhaupt einen gerechten Menschen auf der Welt gibt. Jeder Mensch sei ein Sünder, und sei die Sünde noch so gering. Daher habe es jeder Mensch verdient, für seine begangenen Sünden bestraft zu werden.

Diese Haltung deckt sich jedoch nicht mit dem christlichen Glauben, der auf dem Glauben des AT begründet ist. Hierzu drei Bibelzitate:

Kann denn eine Frau ihr Kindlein vergessen, eine Mutter ihren leiblichen Sohn? Und selbst wenn sie ihn vergisst: Ich vergesse dich nicht. (Jes 49,15)

Denn Gott hat die Welt so sehr geliebt, dass er seinen einzigen Sohn hingab, damit jeder, der an ihn glaubt, nicht verloren geht, sondern ewiges Leben hat. (Joh 3,16)

Gott ist Liebe, und wer in der Liebe bleibt, bleibt in Gott und Gott bleibt in ihm. (1.Joh 4,16)

Diese Verse geben dem Glauben an einen strafenden Gott eine eindeutige Absage. Sie ersetzen es mit dem Bild eines liebenden Gottes, dessen Liebe größer ist als alle Liebe, zu der wir Menschen fähig sind.

Auch wenn der Begleiter dieses liebende Gottesbild für sich verinnerlicht hat, sollte er nicht der Versuchung erliegen (so wie Ijobs Freunde), dass er meint, Gott vor ungerechten Anschuldigungen und Anklagen beschützen zu müssen. Er muss sich nicht zum Anwalt Gottes erheben. Gott braucht dies nicht. Gott ist über alle Anschuldigungen und Anklagen erhaben (siehe: Klage, die 5. Gebetsform).

Ijobs Reaktion

Ijob fühlte sich unverstanden. Die Gedanken der Freunde gehen in eine Richtung, in die Ijob nicht gehen wollte. Er reagierte daher in sehr scharfer Weise:

Zum Spott für die eigenen Freunde soll ich sein, ich, der Gott anruft, daß er mich hört, ein Spott der Fromme, der Gerechte. (Ijob 12,4)

Da meine Freunde mich verspotten, tränt zu Gott hin mein Auge. (Ijob 16,20)

Ijob fühlte sich sogar von den Freunden verspottet. Dieses Gefühl entsteht bei Leidenden dann, wenn versucht wird, das Leid zu bagatellisieren (klein machen) oder gar zu negieren (es nicht als Leid anerkennen).

Wenn nach der endgültigen und schmerzlichen Trennung von ihrem Freund das Mädchen gesagt bekommt, dass sie es nicht so schlimm nehmen soll, denn andere Müller haben auch schöne/liebe Söhne (Bagatellisierung), so mag dies zwar stimmen, aber hier ist soeben eine Beziehung schmerzlich zerbrochen.
Wenn sie gesagt bekommt, dass sie froh sein soll, dass sie ihn nun los ist (Negierung), so mag auch dies zwar stimmen, aber der Schmerz der Trennung ist deswegen nicht geringer.
So leiden auch oft die Menschen, die diese Trennung aktiv herbeigeführt haben. Für sie ist z.T. sogar ein Lebenstraum zerbrochen.

Wenn der Leidende sich schon von Gott verlassen fühlt, dann will er sich wenigstens der Freundschaft zu seinen Freunden sicher sein. So flehte Ijob seine Freunde an, sich seiner zu erbarmen und sich mit ihm solidarisch zu erklären. Ijob flehte daher seine Freunde an:

> Erbarmt, erbarmt euch meiner, ihr, meine Freunde! Denn Gottes Hand hat mich getroffen. (Ijob 19,21)

Wenn die Freunde schlecht mit dem Leid des Leidenden umgehen können, kann die Enttäuschung durch die Freunde so groß sein, dass man sich von diesen abwendet, ja, dass man sie sogar beschimpft, so auch Ijob:

> Meine Brüder sind trügerisch wie ein Bach, wie Wasserläufe, die verrinnen; trüb sind sie vom Eis, wenn über ihnen der Schnee schmilzt. Zur Zeit der Hitze versiegen sie; wenn es heiß wird, verdunsten sie in ihrem Bett. (Ijob 6,15-17)

Viele Freunde können solchen Beschimpfungen nicht stand halten und brechen den Kontakt ab. Die Folge ist: Der Freundeskreis der Leidenden schmilzt dahin.

1.1.6 Ijobs Verzweiflung

> Warum starb ich nicht vom Mutterschoß weg, kam ich aus dem Mutterleib und verschied nicht gleich? Weshalb nur kamen Knie mir entgegen, wozu Brüste, dass ich daran trank? Still läge ich jetzt und könnte rasten, entschlafen wäre ich und hätte Ruhe. (Ijob 3,11-13) Die Pfeile des Allmächtigen stecken in mir, mein Geist hat ihr Gift getrunken, Gottes Schrecken stellen sich gegen mich. (Ijob 6,4)

> Erwürgt zu werden, zöge ich vor, den Tod diesem Totengerippe. (Ijob 7,15)

> Warum ließest du mich aus dem Mutterschoß kommen, warum verschied ich nicht, ehe mich ein Auge sah? Wie nie gewesen wäre ich dann, vom Mutterleib zum Grab getragen. (Ijob 10,18f)

Aus diesen Worten spricht große Todessehnsucht. Ijob will nicht mehr leiden. Da er jedoch seinem Leid nicht entkommen kann, will er tot sein, will seine Ruhe haben, ewige Ruhe. Ijob ist des Lebens müde, er ist lebensmüde.

Zwischen Lebensmüdigkeit und der Handlung zum Suizid ist meist ein großer Schritt, in wenigen Fällen aber nur ein dünner Hauch. Aus diesem Grunde dem Leidenden zu sagen, dass er diese Gedanken nicht haben dürfe, dass er sich nicht versündigen solle und dass er wieder Lebensmut fassen solle, ist wenig hilfreich. Wenn die Bemühungen des Begleiters in diese Richtung gehen sollen, ist es weitaus hilfreicher, dass er Rahmenbedingungen schafft, in denen der Leidende wieder Lebensmut gewinnen kann.

Diese und ähnliche Worte Ijobs mögen alle Moralisten näher betrachten und ihre Haltung gegenüber Suizidalen neu überdenken. Ist es nicht angesichts des Leids dieser Menschen nur ein weiteres Leid, wenn ihnen die kirchliche Bestattung verweigert wird – siehe als Beispiel Piergiorgio Welby Ende 2006?[14] Hatten diese Menschen schon die Hölle auf Erden, warum versuchen wir dann, ihnen noch die Himmelstür zu verschließen? Der einziger Trost hierbei ist, dass sich Gott nicht an unsere menschlichen Vorschriften hält.

> Wie die verscharrte Fehlgeburt wäre ich nicht mehr, Kindern gleich, die das Licht nie geschaut. Dort hören Frevler auf zu toben, dort ruhen aus, deren Kraft erschöpft ist. Auch Gefangene sind frei von Sorgen, hören nicht mehr die Stimme des Treibers. Klein und groß ist dort beisammen, der Sklave ist frei von seinem Herrn. Warum schenkt er dem Elenden Licht und Leben denen, die verbittert sind? (Ijob 3,16-20)

> Und wollte Gott mich doch zermalmen, seine Hand erheben, um mich abzuschneiden. Das wäre noch ein Trost für mich; ich hüpfte auf im Leid, mit dem er mich nicht schont. Denn ich habe die Worte des Heiligen nicht verleugnet. (Ijob 6,9f)

Todessehnsucht ist wohl kaum noch anschaulicher zu beschreiben. Schließlich stellt Ijob auch die Warum-Frage, die fast alle Leidenden miteinander verbindet, die Leidende auszeichnet. Auch spricht aus diesen Worten große Verbitterung, dass Ijob (noch) lebt.

Für den Begleiter ist es wichtig, diese Fragen zuzulassen, offen stehen zu lassen und mit auszuhalten. Die eigene Kapitulation vor diesen Warum-Fragen offen zuzugeben, dies ist Anteilnahme.

> Noch hatte ich nicht Frieden, nicht Rast, nicht Ruhe, fiel neues Ungemach mich an. (Ijob 3,26)

Wir sagen: „Ein Unglück kommt selten allein." Oft gewinnt man den Eindruck, dass dieser Satz Lebensweisheit ist, die das Leben gelehrt hat. Da ist man noch damit beschäftigt, das eine zu verdauen, schon kommt das nächste Unglück. Beispiele hiervon kennt jeder sicherlich genug.

---

14 An Piergiorgio Welby (1945-2006) wurde im Jahr 1963 progressive Muskeldystrophie diagnostiziert. Es wurde ihm eine Lebenserwartung von maximal 20 Jahren vorhersagte, doch er benötigte erst seit 1996 ein Beatmungsgerät. Am 22.09.2006 wurde er durch seinen offenen Brief an den Staatspräsidenten bekannt. Darin forderte er das Recht, sterben zu dürfen. Am 16.12.2006 lehnte das zuständige Gericht den Wunsch ab. Am 20.12.2006 erfüllte ihm sein Arzt seinen Wunsch. Die katholische Kirche verweigerte daraufhin eine kirchliche Bestattung.

Für den Begleiter ist es wichtig, keines dieser Leiden zu ignorieren oder klein zu reden. Ein jedes dieser Leiden plagt den Leidenden. Bei jedem dieser Leiden stellt sich die Frage, ob hier Abhilfe oder zumindest Linderung geschaffen werden kann.

> Da antwortete Elifas von Teman und sprach: Versucht man ein Wort an dich, ist es dir lästig? Doch die Rede aufzuhalten, wer vermag es? (Ijob 4,1f)

Die ersten Worte spricht Elifas von Teman. Vorsichtig tastet er sich vor und fragt, ob seine Wort Ijob nicht lästig sind. Elifas poltert nicht mit der Tür ins Haus, sondern geht sehr behutsam und feinfühlig vor.

Bei einer körperlichen Wunde packt der Sanitäter nicht grob an, sondern tupft sie behutsam ab. Vorsichtig und feinfühlig behandelt er sie.

Ein Begleiter sollte mit den Wunden des Herzens und der Seele des Leidenden ebenso feinfühlig umgehen. Der Appell: „Ein Indianer kennt keinen Schmerz", „Was uns nicht umbringt, macht uns nur härter" oder „Ein richtiger Mann hält das aus" ist dieser Haltung entgegengerichtet.

Ich halte solchen Appellen entgegen:

> „Wir haben schon jetzt zu viele gefühlskalte und gefühllose Menschen
> müssen Sie nicht auch noch einer von denen werden."

> Ist wohl ein Mensch vor Gott gerecht, ein Mann vor seinem Schöpfer rein? (Ijob 4,17)
> Ich aber, ich würde Gott befragen und Gott meine Sache vorlegen, (Ijob 5,8)

Hinter diesen Fragen Elifas steckt die Vorstellung, dass Schuld die Ursache von Leid ist. Es ist ein versteckter Appell an Ijob, seine Schuld zu bekennen und von Gott Vergebung zu erbitten.

Leid hat selten etwas mit Schuld zu tun. Daher sollte der Begleiter dem Leidenden nicht noch ins Gewissen reden wollen. Selbst wenn die Leidenden an ihrem Zustand selbst Schuld haben, weil er zu schnell gefahren war, weil er Kettenraucher war, weil sie zu viel mit nackter Haut an der Sonne war, weil sie abgetrieben hat, weil ..., das Leid wird dadurch um keinen Deut geschmälert, sondern vergrößert. Daher sollte der Begleiter die Frage nach Schuld nicht von sich aus ansprechen.

> Ach, würde doch mein Gram gewogen, legte man auf die Waage auch mein Leid! Denn nun ist es schwerer als der Sand des Meeres, darum reden meine Worte irr. (Ijob 6,2f)

Trauer, Schmerz, Angst, Sorge, ... lässt sich nicht messen. Leid entzieht sich unseren Maßstäben. Daher macht es keinen Sinn, darüber zu urteilen, wer schwerer leidet und wer leichter. Leidende wollen in ihrem Leid ernst genommen werden, Trost oder Linderung erfahren.

Was ist der Mensch, dass du groß ihn achtest und deinen Sinn auf ihn richtest, dass du ihn musterst jeden Morgen und jeden Augenblick ihn prüfst? (Ijob 7,17f)

Ijob steckte hier in einer Identitätskrise. Zahlreiche Leidende geraten besonders dann in eine Identitätskrise, wenn das Leid ihr Selbstverständnis ankratzt oder zerstört. Einige Beispiele hierzu:

- Identität Leistung
  Menschen, die sich bislang über Arbeit und Leistung identifizieren, geraten häufig in eine Identitätskrise, wenn sie diese nicht mehr oder nicht mehr ganz erbringen können. Sie werden ihren eigenen früher gesetzten Maßstäben nicht mehr gerecht, können sie nicht mehr erfüllen. Was sind sie dann noch wert, so ohne Leistung?

- Identität Geschlecht
  Frauen, deren Kind während der Schwangerschaft verstorben ist, haben ihre natürliche Aufgabe - Kinder zu gebären - nicht erfüllt. Wenn diese Frau vor dem Verlust dieses Kindes - oder gar dieser Kinder - noch kein Kind lebend geboren hatte, stellt sich die brennende Frage, ob die Frau dazu überhaupt in der Lage ist. Ist sie denn überhaupt Frau? Den Körper einer Frau zu besitzen, genügt hier nicht. Frau zu sein wird gleichgestellt mit Muttersein.

- Identität Schönheit / Jugend
  Besonders Frauen, aber auch einige Männer, sind hiervon betroffen. Wenn die ersten Falten kommen, wenn die Haare grau werden und daher gefärbt werden müssen, wenn die Haare ausfallen, wenn ..., dann fallen diese Menschen in eine Identitätskrise. Wer bin ich denn ohne meine Schönheit? Gehöre ich damit zum „alten Eisen", wie der Volksmund sagt?

- Identität Amt
  Für Menschen, die ein Amt inne hatten und abtreten mussten, stellt sich häufig die Frage, wer sie nun sind. Zuweilen kämpfen solche Menschen mit allen ihnen zur Verfügung stehenden Mitteln gegen alle menschliche Vernunft darum, an der Macht zu bleiben. Aber auch viele Priester und Ordensleute, die sich über ihr Amt als Pfarrer, Mönch oder Nonne identifiziert hatten, stellen nach ihrer Pensionierung die Frage, wer oder was sie denn noch sind. In Beruf und Freizeit, ob haupt- oder ehrenamtlich, überall gibt es Menschen, die sich über ihr Amt identifiziert haben. Im Amt haben sie meist sehr gute Arbeit geleistet. Das soll nicht vergessen werden, doch was ist dieser Mensch ohne sein Amt?

Will man wissen, über was sich ein Leidender identifiziert (hat), so braucht man ihn nur über sein Leben und seine Person erzählen zu lassen. Es sprudelt dann regelrecht hervor, was er alles geleistet hat, wie schön es war, bis zu welcher Position er es gebracht hat und was ihm im Leben sonst noch wichtig war.

Für den Begleiter ist es hier wichtig, den Leidenden weniger zu vermitteln, dass sie auch ohne Leistung, Kinder, Schönheit, Amt, ... liebenswert und wertvoll sind. Worte verhallen hier meist ohne jede Wirkung. Viel wichtiger ist es, diesen Menschen Erfahrungen zuteil werden zu lassen, dass sie auch ohne Arbeit und Leistung geliebt und geschätzt werden. Leidenden muss diese neue Erfahrung vermittelt werden. In Luftschlössern aus schönen Worten und Gedanken kann niemand wohnen, erst recht kein Leidender.

> Wie lange schon schaust du nicht weg von mir, läßt mich nicht los, so dass ich den Speichel schlucke? (Ijob 7,19)

Ijob sah hinter seinem Leid Gottes Handeln. Er fühlte sich von Gott hart angefasst. Ijobs Wunsch war, Gott möge ihn loslassen, damit es ihm besser gehe.

> Schneller als das Weberschiffchen eilen meine Tage, der Faden geht aus, sie schwinden dahin. (Ijob 7,6)

Ijob sah sich mit diesen Worten schon am Ende seines Lebens.[15]

1.1.7 Ijobs Rechtsstreit gegen Gott

> Haben deine Kinder gefehlt gegen ihn, gab er sie der Gewalt ihres Frevels preis. Wenn du mit Eifer Gott suchst, an den Allmächtigen dich flehend wendest, wenn du rein bist und recht, dann wird er über dich wachen, dein Heim herstellen, wie es dir zusteht. (Ijob 8,4-6)

Was hier Bildad von Schuach sprach, spiegelt voll und ganz das antike Denken der Menschen wider, das vereinzelt auch heute noch in einigen christlichen Gruppen anzutreffen ist: Wenn einen Leid traf, dann war man irgendwann und irgendwie selbst schuldig. Wenn man sich jedoch flehentlich an Gott wandte, wenn das Herz frei von Schuld war, dann würde Gott helfen.

Meine Meinung hierzu ist: Wer solche Worte zu einem Leidenden sagt, der ist entweder ein religiöser Fundamentalist ein gefühlsarmer oder gefühlloser Mensch oder gar ein Sadist.

> Schuldlos bin ich, doch achte ich nicht auf mich, mein Leben werfe ich hin. (Ijob 9,21)

---

15 Dies steht in deutlichem Bezug zu Jes 38,12: „Wie ein Weber hast du mein Leben zu Ende gewoben, du schneidest mich ab wie ein fertig gewobenes Tuch."

So beteuerte Ijob seine Unschuld und betonte wieder, dass er lieber sterben möchte als so weiterleben. Damit wehrte er sich gegen die unausgesprochenen Beschuldigungen des Bildad von Schuach.

Gäbe es doch einen Schiedsmann zwischen uns! Er soll seine Hand auf uns beide legen. Er nehme von mir seine Rute, sein Schrecken soll mich weiter nicht ängstigen; dann will ich reden, ohne ihn zu fürchten. Doch so ist es nicht um mich bestellt. (Ijob 9,33-35)

Hiermit sprach Ijob davon, dass er gegen Gott ins Gericht ziehen wolle, wenn dies möglich wäre. Sollte doch dieser Richter bestätigen, dass Ijob unschuldig ist und dass Gott seine Rute von ihm nehmen, d.h. ihn nicht weiterhin so schwer bestrafen soll. Ijob sprach damit ganz im antiken Denken, dass Leid und Schuld fest miteinander verbunden seien.

Du sagtest: Rein ist meine Lehre, und lauter war ich stets in deinen Augen. O, dass Gott doch selber spräche, seine Lippen öffnete gegen dich. Er würde dich der Weisheit Tiefen lehren, dass sie wie Wunder sind für den klugen Verstand. Wisse, dass Gott dich zur Rechenschaft zieht in deiner Schuld. (Ijob 11,4-6)

So antwortete Zofar von Naama auf Ijobs Unschuldsbeteuerungen. Er drückt damit die Haltung aus: „Wenn ich auch deine Schuld nicht kenne, Gott kennt sie. Wenn er jetzt hier sein könnte, er würde sie dir sagen."

Zofar von Naama betonte damit, dass Gott nicht irre und Ijob nur tief genug in sich gehen solle, damit er die Schuld fände, die er nicht sieht.

Doch ich will zum Allmächtigen reden, mit Gott zu rechten ist mein Wunsch. (Ijob 13,3)

Ijob wiederholte und betonte seinen Wunsch, mit Gott einen Rechtsstreit auszufechten. Ijob wusste sich unschuldig. Warum strafte Gott ihn so sehr? Das sollte Gott ihm sagen.

Ihr aber seid nur Lügentüncher, untaugliche Ärzte alle. (Ijob 13,4)

Mit diesem Wort sprach Ijob ein hartes Urteil über seine drei Freunde. So kamen sie ihm vor. Keiner von ihnen konnte Ijob bisher auch nur ein bisschen helfen.

Seht, ich bringe den Rechtsfall vor; ich weiß, ich bin im Recht. (Ijob 13,18)

Ijob wiederholte und betonte seinen Wunsch, mit Gott einen Rechtsstreit auszufechten.

Wieviel habe ich an Sünden und Vergehen? Meine Schuld und mein Vergehen sag mir an! Warum verbirgst du dein Angesicht und siehst mich an als deinen Feind? (Ijob 13,23f)

Ijob versuchte, Gott zur Rede zu stellen. Gott sollte ihm seine Schuld nennen, sollte ihm sagen, warum er so mit ihm umgeht. Es ist im Grunde wieder die große Warum-Frage, die Ijob beantwortet wissen wollte.

> Du brichst sogar die Gottesfurcht, zerstörst das Besinnen vor Gott. Denn deine Schuld belehrt deinen Mund, die Sprache der Listigen hast du gewählt. Dein eigener Mund verurteilt dich, nicht ich, deine Lippen zeugen gegen dich. (Ijob 15,4-6)

Dies warf ihm Elifas von Teman vor: Kein Mensch habe das Recht, gegen Gott einen Rechtsstreit zu führen. Schon allein der Gedanke daran sei Sünde. So würden Ijobs eigene Lippen ihn verurteilen.

Auch heute gibt es Menschen, die meinen, Gott vor solchen Anfragen und Anklagen schützen zu müssen, wie Ijob sie äußerte - und heute auch so mancher Leidende. Sie machen Gott klein wie einen Menschen, der unfähig ist, erhaben über solchen Anfragen und Anklagen zu stehen. Sie machen sich zum Mündel für Gott und entmündigen damit Gott. Dies sollte ihnen klargemacht werden.

> Was ist der Mensch, dass rein er wäre, der vom Weib Geborene, dass er im Recht sein könnte? (Ijob 15,14)

So machte Elifas weiter: Kein Mensch könne sich als schuldlos bezeichnen. Alleine die Tatsache, dass er von einer Frau geboren wurde, mache ihn schuldig. Hier klingt Ps 51,7 an: „Denn ich bin in Schuld geboren; in Sünde hat mich meine Mutter empfangen." sowie Weish 3,13: „Selig ist die Kinderlose, die unschuldig blieb und kein Lager der Sünde kannte." - Hier dürfte wohl jeder Kommentar überflüssig sein.

> Ähnliches habe ich schon viel gehört; leidige Tröster seid ihr alle. (Ijob 16,2)

Ijob fand bei keinen bislang vorgebrachten Worten Trost. Die Gedanken seiner Freunde kreisten immer darum, dass Ijob schuldig sei und Gott im Recht. Daher auch wieder das harte Urteil über seine drei Freunde.

Einer meiner pallottinischen Mitbrüder hatte hierfür den Spruch: „Was brauche ich Feinde bei solchen Freunden?"

> Den Kreis der Freunde hast du mir verstört. (Ijob 16,7)

Ijob verlor alle seine Freunde. Diese drei, die ihn besuchten und trösten wollten, vermochten dies nicht. Sie wurden Ijob zur Last. Er sah sich von allen Freunden verlassen, völlig allein.

Diese Erfahrung machen viele Leidende. Der Freundeskreis schmilzt dahin. Die einen können nicht mit dem Leid umgehen. Andere haben Schwierigkeiten damit, dass sich Schmerz und Trauer über Wochen, Monate und Jahre hinziehen. Wieder andere ertragen die Aggressivität des Leidenden nicht und bleiben deswegen fern. Noch deutlicher und detaillierter sind die späteren Worte Ijobs:

> Meine Brüder hat er von mir entfernt, meine Bekannten sind mir entfremdet. Meine Verwandten, Bekannten blieben aus, die Gäste meines Hauses haben mich vergessen. Als Fremder gelte ich meinen Mägden, von anderem Stamm bin ich in ihren Augen. Rufe ich meinen Knecht, so antwortet er nicht; mit eigenem Mund muss ich ihn anflehen. Mein Atem ist meiner Frau zuwider; die Söhne meiner Mutter ekelt es vor mir. Buben selbst verachten mich, stehe ich auf, verhöhnen sie mich. Alle meine Gefährten verabscheuen mich, die ich liebe, lehnen sich gegen mich auf. (Ijob 19,13-19)

Besonders Trauernde machen noch heute zuweilen solche Erfahrungen, aber auch andere Menschen, die schweres, lang anhaltendes Leid zu tragen haben. Es ist, als ob die Menschheit in den über 2.000 Jahren, in denen das Buch Ijob existiert, nichts daraus gelernt hätte.

Gerade im Leid zeichnet sich Freundschaft aus. Im Leid bewährt sie sich.

> Mein Gesicht ist vom Weinen rot, und Dunkel liegt auf meinen Wimpern. Doch kein Unrecht klebt an meinen Händen, und mein Gebet ist lauter. (Ijob 16,16f)

Vom vielen Weinen war das Gesicht Ijobs bereits rot, doch Schuld fand er immer noch nicht bei sich. Auch sein Gebet, seinen Umgang mit Gott, auch die Klage gegen Gott fand Ijob in Ordnung.

> Warum bleiben Frevler am Leben, werden alt und stark an Kraft? (Ijob 21,7)

Wie Ijob fragen sich auch heute Leidende, warum sie gestraft werden, während es Mördern und Kinderschändern gut geht. Wo ist da die Gerechtigkeit Gottes, von der die Bibel spricht. In Mal 3,20 wird Gott als „Sonne der Gerechtigkeit" gepriesen, die das Unrecht ans Licht bringt. Heute wird Gott als diese „Sonne der Gerechtigkeit" in einem Kirchenlied besungen (Gotteslob Nr. 644). Wo aber ist diese vielfach gepriesene „Sonne der Gerechtigkeit"? Für den Leidenden zeigt sich oft nur Dunkel und Finsternis.

> Der eine stirbt in vollem Glück, ist ganz in Frieden, sorgenfrei. Seine Schenkel sind voll von Fett, getränkt mit Mark sind seine Knochen. Der andere stirbt mit bitterer Seele und hat kein Glück genossen. Zusammen liegen sie im Staub, und Gewürm deckt beide zu. (Ijob 21,23-26)

Ijob verwies hier auf andere Ungerechtigkeiten im Leben, die immer wieder zu beobachten sind. Er war nicht der einzige Mensch, der sich von Gott ungerecht behandelt fühlte. Erst im Tod sind alle gleich. Doch dann ist das Leben vorbei. Ijob wollte sofort Gerechtigkeit, noch während seiner Lebzeit.

Kann denn der Mensch Gott nützen? Nein, sich selber nützt der Kluge. Ist nicht groß deine Bosheit, ohne Ende dein Verschulden? Du pfändest ohne Grund deine Brüder, ziehst Nackten ihre Kleider aus. Den Durstigen tränkst du nicht mit Wasser, dem Hungernden versagst du das Brot. Dem Mann der Faust gehört das Land, der Günstling darf darin wohnen. Witwen hast du weggeschickt mit leeren Händen, der Verwaisten Arme zerschlagen. Deswegen liegen Fallstricke rings um dich her, und jäher Schrecken ängstigt dich, oder Dunkel, worin du nicht siehst, und Wasserflut, die dich bedeckt.(Ijob 22,2-11)

Hier platzte Elifas von Teman der Kragen. Er warf Ijob Vergehen vor, die eindeutig überzogen waren und die er nie begangen hatte. Kann man einem Nackten seine Kleider ausziehen? Er erfand Schuld, damit er mit seiner Meinung im Recht bleiben konnte. Ijob musste irgend eine schwere Schuld auf sich geladen haben, denn sonst hätte Gott ihn nicht so schwer bestraft.

Wüsste ich doch, wie ich ihn finden könnte, gelangen könnte zu seiner Stätte. Ich wollte vor ihm das Recht ausbreiten, meinen Mund mit Beweisen füllen. Wissen möchte ich die Worte, die er mir entgegnet, erfahren, was er zu mir sagt. Würde er in der Fülle der Macht mit mir streiten? Nein, gerade er wird auf mich achten. Dort würde ein Redlicher mit ihm rechten, und ich käme für immer frei von meinem Richter. (Ijob 23,3-7)

Ijob hielt damit weiterhin an seiner Vorstellung vom Rechtsstreit gegen Gott fest. Er wollte seine Beweise vorlegen und hören, was ihm Gott hierauf entgegnet. Ijob wollte weiterhin Gott zur Rede stellen, denn er war davon überzeugt, dass ein neutraler Richter ihn freisprechen würde.

Warum hat der Allmächtige keine Fristen bestimmt? Warum schauen, die ihn kennen, seine Gerichtstage nicht? Jene verrücken die Grenzen, rauben Herden und führen sie zur Weide. Den Esel der Waisen treiben sie fort, pfänden das Rind der Witwe. Vom Weg drängen sie die Armen, es verbergen sich alle Gebeugten des Landes. Sieh, wie Wildesel in der Steppe ziehen sie zu ihrer Arbeit aus; die Steppe suchen sie nach Nahrung ab, nach Brot für ihre Kinder. Auf dem Feld schneiden sie des Nachts, halten im Weinberg des Frevlers Nachlese. Nackt verbringen sie die Nacht, ohne Kleider, haben keine Decke in der Kälte. Vom Regen der Berge sind sie durchnässt, klammern sich ohne Schutz an den Fels. Von der Mutterbrust reißen sie die Waisen, den Säugling des Armen nehmen sie zum Pfand. Nackt müssen sie gehen, ohne Kleid, hungernd tragen sie Garben. Zwischen Mauern pressen sie Öl, treten die Kelter und müssen doch dürsten. Aus der Stadt stöhnen Sterbende, der Erschlagenen Leben schreit laut. Doch Gott achtet nicht auf ihr Flehen. (Ijob 24,1-12)

Ijob zählte alle Ungerechtigkeiten seiner Zeit auf und warf Gott vor, nicht auf das Flehen der Unterdrückten zu hören. Die Übeltäter bestrafte Gott nicht. Warum aber ließ Gott ihn, den Gerechten, leiden?

Wie wäre ein Mensch gerecht vor Gott, wie wäre rein der vom Weib Geborene? (Ijob 25,4)

Bildad betonte wie schon zuvor Elifas, dass es keinen gerechten Menschen geben könne, der von einer Frau geboren wurde.

Fern sei es mir, euch recht zu geben, ich gebe, bis ich sterbe, meine Unschuld nicht preis. An meinem Rechtsein halt' ich fest und lass' es nicht; mein Herz schilt keinen meiner Tage. (Ijob 27,5f)

Trotz aller Gegenrede seiner Freunde hielt Ijob an seinem Willen um einen Rechtsstreit gegen Gott und seine Unschuld fest.

Dann setzte Ijob seine Rede fort und sprach: Dass ich doch wäre wie in längst vergangenen Monden, wie in den Tagen, da mich Gott beschirmte, als seine Leuchte über meinem Haupt erstrahlte, in seinem Licht ich durch das Dunkel ging. So, wie ich in den Tagen meiner Frühzeit war, als Gottes Freundschaft über meinem Zelte stand, als der Allmächtige noch mit mir war, meine Kinder mich umgaben, als meine Schritte sich in Milch gebadet, Bäche von Öl der Fels mir ergoss. Ging ich durchs Tor zur Stadt hinauf, ließ ich auf dem Platz meinen Sitz aufstellen; sahen mich die Jungen, so traten sie scheu beiseite, die Alten standen auf und blieben stehen. Fürsten hielten mit Reden sich zurück und legten ihre Hand auf ihren Mund. Der Edlen Stimme blieb stumm, am Gaumen klebte ihre Zunge. Hörte mich ein Ohr, pries es mich glücklich, das Auge, das mich sah, stimmte mir zu. Denn ich rettete den Armen, der schrie, die Waise, die ohne Hilfe war. Der Segen des Verlorenen kam über mich, und jubeln ließ ich der Witwe Herz. Ich bekleidete mich mit Gerechtigkeit, wie Mantel und Kopfbund umhüllte mich mein Recht. Auge war ich für den Blinden, dem Lahmen wurde ich zum Fuß. Vater war ich für die Armen, des Unbekannten Rechtsstreit prüfte ich. Ich zerschmetterte des Bösen Kiefer, entriss die Beute seinen Zähnen. So dachte ich: Mit meinem Nest werde ich verscheiden und gleich dem Phönix meine Tage mehren. Meine Wurzel reiche bis an das Wasser, auf meinen Zweigen nächtige Tau. Neu bleibe mir meine Ehre, mein Bogen verjünge sich in meiner Hand. Auf mich horchten und warteten sie, lauschten schweigend meinem Rat. Wenn ich sprach, nahm keiner das Wort; es träufelte nieder auf sie meine Rede. Sie harrten auf mich wie auf Regen, sperrten den Mund wie nach Spätregen auf. Lächelte ich denen zu, die ohne Vertrauen, sie wiesen das Leuchten meines Gesichts nicht ab. Ich bestimmte ihr Tun, ich saß als Haupt, thronte wie ein König inmitten der Schar, wie einer, der Trauernde tröstet. (Ijob 29,1-25)

Ijob zählte alle seine guten Taten auf und wies darauf hin, wie geachtet er bei Alt und Jung, bei Arm und Reich war.

Jetzt aber bin ich ihr Spottlied, bin zum Klatsch für sie geworden. Sie verabscheuen mich, rücken weit von mir weg. (Ijob 30,9f)

Ijobs Erfahrung machen auch heute noch Leidende. Man spricht nicht **mit ihnen**, sondern **über sie**. Man geht nicht auf sie zu, sondern zieht sich von ihnen zurück.

Und nun zerfließt die Seele in mir, des Elends Tage packen mich an. Des Nachts durchbohrt es mir die Knochen, mein nagender Schmerz kommt nicht zur Ruh. Mit Allgewalt packt er mich am Kleid, schnürt wie der Gürtel des Rocks mich ein. Er warf mich in den Lehm, so dass ich Staub und Asche gleiche. (Ijob 30,16-19)

Ijob beschrieb sein ganzes Leid.

Ich schreie zu dir, und du erwiderst mir nicht; ich stehe da, doch du achtest nicht auf mich. Du wandelst dich zum grausamen Feind gegen mich, mit deiner starken Hand befehdest du mich. Du hebst mich in den Wind, fährst mich dahin, läßt mich zergehen im Sturmgebraus. (Ijob 30,20-22)

Ijob beschrieb, wie er sich von Gott behandelt fühlte.

Ja, ich hoffte auf Gutes, doch Böses kam, ich harrte auf Licht, doch Finsternis kam. Mein Inneres kocht und kommt nicht zur Ruhe, mich haben die Tage des Elends erreicht. Geschwärzt, doch nicht von der Sonne gebrannt, stehe ich auf in der Gemeinde, schreie laut. Den Schakalen wurde ich zum Bruder, den Straußenhennen zum Freund. Die Haut an mir ist schwarz, von Fieberglut brennen meine Knochen. Zur Trauer wurde mein Harfenspiel, mein Flötenspiel zum Klagelied. (Ijob 30,26-31)

Ijob beschrieb sein Leid.

Wenn ich am Unglück meines Feinds mich freute und triumphierte, dass Unheil ihn traf - habe ich doch meinem Mund zu sündigen verboten, sein Leben mit Fluch zu verwünschen -. Wenn meine Zeltgenossen nicht gestanden: Wer wurde von seinem Fleisch nicht gesättigt? Kein Fremder musste draußen übernachten, dem Wanderer tat meine Tür ich auf. Wenn ich nach Menschenart meine Frevel verhehlte, meine Schuld verbarg in meiner Brust, weil ich die große Menge scheute und die Verachtung der Sippen mich schreckte, so schwiege ich still und ginge nicht zur Tür hinaus. Gäbe es doch einen, der mich hört. Das ist mein Begehr, dass der Allmächtige mir Antwort gibt: Hier ist das Schriftstück, das mein Gegner geschrieben. (Ijob 31,29-35)

In einer langen Aufzählung nannte Ijob, was er alles nicht getan hatte (hier nur dessen Schluss) und begehrte wiederum von Gott Antwort, warum er als Gerechter so leiden muss. Gerne würde er die Anklageschrift mit den Anschuldigungen sehen, die ihm vorgeworfen werden.

> Nun hörten jene drei Männer auf, Ijob zu entgegnen, weil er gerecht war in seinen Augen. (Ijob 32,1)

Die drei Freunde waren am Ende ihrer Weisheit angelangt. Sie erkannten, dass Ijob gerecht war und konnten ihm den Grund seines Leidens nicht erklären. Stumm kapitulierten sie. Doch ein vierter Freund meldete sich nun zu Wort, Elihus. Er war jünger als die anderen drei.

> Da bist du nicht im Recht, sage ich dir, denn Gott ist größer als der Mensch. Weshalb hast du mit ihm gehadert, weil er all deinen Worten nicht erwidert? Denn einmal redet Gott und zweimal, man achtet nicht darauf. Im Traum, im Nachtgesicht, wenn tiefer Schlaf auf die Menschen fällt, im Schlummer auf dem Lager, da öffnet er der Menschen Ohr und schreckt sie auf durch Warnung, um von seinem Tun den Menschen abzubringen, den Hochmut aus dem Manne auszutreiben, seine Seele vor dem Grab zu retten, sein Leben davor, in den Todesschacht hinabzusteigen. (Ijob 33,12-18)

Elihus sagte Ijob auf den Kopf zu, dass er im Unrecht sei. Er sollte auf seine Träume achten. Gott würde ihm dort schon die Antwort geben, nach der er suche. Dort würde Gott Ijob seine Missetaten nennen. Dann würde Ijob klar werden, warum er so leiden muss.

> Wo ist ein Mann wie Ijob, der Lästerung wie Wasser trinkt, der hingeht, um sich den Übeltätern zuzugesellen, und mit den Frevlern Umgang pflegt? Er sagte ja: Es nützt dem Menschen nichts, dass er in Freundschaft lebt mit Gott. Darum hört mir zu, ihr Männer mit Verstand! Fern ist es, Gott Unrecht zu tun, und dem Allmächtigen, Frevel zu üben. Nein, was der Mensch tut, das vergilt er ihm, nach eines jeden Verhalten läßt er es ihn treffen. Nein, wahrhaftig, nie tut Gott unrecht, und der Allmächtige beugt nicht das Recht. (Ijob 34,7-12)

Elihus versuchte Ijob Schuld nachzuweisen, denn Gott mache keine Fehler. Dabei hielt er eisern an der Vorstellung fest, dass Gott Böses mit Leid und Gutes mit Güte belohne.

Auch heute finden sich „Tröster", die eisern daran festhalten, dass Gott keine Fehler mache und die Schuld auf jeden Fall bei den Menschen zu suchen sei. Dies tröstet den Leidenden keinesfalls.

> Bar des Wissens redet Ijob, und unbedacht sind seine Worte. Wohlan, weiter werde Ijob geprüft, weil er nach der Frevler Art erwidert. Denn Frevel fügt er noch zu seiner Sünde, in unserer Mitte höhnt er laut, mehrt seine Worte gegen Gott. (Ijob 34,35-37)

Elihus warf Ijob vor, unbedacht geredet zu haben. Ijobs Klage gegen Gott wertete Elihus als Frevel, denn gegen Gott dürfe nicht geklagt werden.

Wart ein wenig, ich will es dir künden, ich hab' für Gott noch mehr zu sagen. (Ijob 36,2)

Elihus spielte sich als Anwalt Gottes auf, als wüsste er, was Gott denkt.

Denn wahrhaftig, meine Worte sind kein Trug, ein Mann vollkommenen Wissens steht vor dir. (Ijob 36,4)

Elihus betonte die Richtigkeit seiner Worte und behauptete, im Besitz vollkommenen Wissens zu sein. Seine Aussagen seien richtig, wie Dogmen.

Hüte dich, und wende dich nicht zum Bösen! Denn darum wirst du durch Leid geprüft. (Ijob 36,21)

Elihus warnte Ijob, sich nicht dem Bösen hinzugeben. Er sah im Leid eine Prüfung Gottes. (In guten Tagen ist es leicht zu Gott zu stehen, doch steht man auch in schlechten Tagen zu Gott?)

Und nun, wenn man das Sonnenlicht nicht sieht, ist es verdunkelt durch die Wolken, ein Windhauch bläst und fegt sie weg. (Ijob 37,21)

Elihus spielte darauf an, dass Gott da sei, auch wenn man ihn durch die Verdunkelung des Leids nicht sieht oder wahrnimmt. Ist das Leid genommen, so kann man wieder ungehindert Gott sehen und wahrnehmen.

Da antwortete der Herr dem Ijob aus dem Wettersturm und sprach: Wer ist es, der den Ratschluss verdunkelt mit Gerede ohne Einsicht? Auf, gürte deine Lenden wie ein Mann: Ich will dich fragen, du belehre mich! Wo warst du, als ich die Erde gegründet? Sag es denn, wenn du Bescheid weißt. (Ijob 38,1-4)

Gott stellte Ijob im Wettersturm zur Rede (hier ist nur der Anfang) und zeigte ihm seine ganze Größe auf. - In der Einheitsübersetzung heißt es: „In diesen beiden Kapiteln ist die Nachwirkung der sog. weisheitlichen Listenwissenschaft des Alten Orients erkennbar."

Da antwortete Ijob dem Herrn und sprach: Siehe, ich bin zu gering. Was kann ich dir erwidern? Ich lege meine Hand auf meinen Mund. Einmal habe ich geredet, ich tu es nicht wieder; ein zweites Mal, doch nun nicht mehr! Da antwortete der Herr dem Ijob aus dem Wettersturm und sprach: Auf, gürte deine Lenden wie ein Mann! Ich will dich fragen, du belehre mich! Willst du wirklich mein Recht zerbrechen, mich schuldig sprechen, damit du recht behältst? (Ijob 40,3-8)

Ijob erkannte die Größe und Erhabenheit Gottes an. Er wollte nicht nochmals gegen Gott klagen, sondern demütig schweigen.

Gott betonte, dass er im Recht sei, dass er weder Falsches tue noch Falsches zulasse. Weiter betonte Gott wieder seine Größe und Erhabenheit.

Da antwortete Ijob dem Herrn und sprach: Ich hab' erkannt, dass du alles vermagst; kein Vorhaben ist dir verwehrt. Wer ist es, der ohne Einsicht den Rat verdunkelt? So habe ich denn im Unverstand geredet über Dinge, die zu wunderbar für mich und unbegreiflich sind. Hör doch, ich will nun reden, ich will dich fragen, du belehre mich! Vom Hörensagen nur hatte ich von dir vernommen; jetzt aber hat mein Auge dich geschaut. Darum widerrufe ich und atme auf, in Staub und Asche. (Ijob 42,1-6)

Ijob erkannte die Größe und Erhabenheit Gottes an. Er zog seine Klage zurück und widerrief.

Als der Herr diese Worte zu Ijob gesprochen hatte, sagte der Herr zu Elifas von Teman: Mein Zorn ist entbrannt gegen dich und deine beiden Gefährten; denn ihr habt nicht recht von mir geredet wie mein Knecht Ijob. So nehmt nun sieben Jungstiere und sieben Widder, geht hin zu meinem Knecht Ijob, und bringt ein Brandopfer für euch dar! Mein Knecht Ijob aber soll für euch Fürbitte einlegen; nur auf ihn nehme ich Rücksicht, dass ich euch nichts Schlimmeres antue. Denn ihr habt nicht recht von mir geredet wie mein Knecht Ijob. Da gingen Elifas von Teman, Bildad von Schuach und Zofar von Naama hin und taten, was der Herr ihnen gesagt hatte. Und der Herr nahm Rücksicht auf Ijob. (Ijob 42,7-9)

Gott warf Elifas und seinen beiden Gefährten vor, nicht in rechter Weise von Gott gesprochen zu haben. Daher sollten sie 7 Jungstiere und 7 Widder opfern. Ijob sollte hingegen Fürbitte für sie einlegen, d.h. ihnen ihre dummen Sprüche verzeihen.

Der Herr wendete das Geschick Ijobs, als er für seinen Nächsten Fürbitte einlegte; und der Herr mehrte den Besitz Ijobs auf das Doppelte. Da kamen zu ihm alle seine Brüder, alle seine Schwestern und alle seine früheren Bekannten und speisten mit ihm in seinem Haus. Sie bezeigten ihm ihr Mitleid und trösteten ihn wegen all des Unglücks, das der Herr über ihn gebracht hatte. Ein jeder schenkte ihm eine Kesita und einen goldenen Ring. (Ijob 42,10f)

1.1.8 Ijobs Ende

Der Herr aber segnete die spätere Lebenszeit Ijobs mehr als seine frühere. Er besaß vierzehntausend Schafe, sechstausend Kamele, tausend Joch Rinder und tausend Esel. Auch bekam er sieben Söhne und drei Töchter. (Ijob 42,12f)

Das Leid Ijobs wandelte sich wieder in Segen. Er bekam doppelt so große Herden als er zuvor verloren hatte: 14.000 Schafe gegenüber 7.000 zuvor, 6.000 Kamele gegenüber 3.000 zuvor, 1.000 Rinder und 1.000 Esel gegenüber 500 Rinder und 500 Esel, die er zuvor besaß und die ihm geraubt wurden.

Noch heute - besonders in calvinistischen Kreisen - wird Reichtum und Besitz als Segen Gottes angesehen. Wer viel besitzt, der ist von Gott reich gesegnet. Wer nichts besitzt, ist von Gott bestraft.

Bei den Kindern bekam Ijob nur die gleiche Anzahl an Söhnen und Töchtern, die er schon zuvor hatte und die bei dem Sturm, als das Haus über ihnen zusammenbrach, umgekommen waren.

Damit war Ijob wieder rehabilitiert. Er wurde nicht nur in seinen alten Stand eingesetzt, sondern er besaß nun doppelt so große Herden wie zuvor. Ijob hatte nun wirklich keinen Grund mehr zu klagen.

Ijob lebte danach noch hundertvierzig Jahre; er sah seine Kinder und Kindeskinder, vier Geschlechter. Dann starb Ijob, hochbetagt und satt an Lebenstagen. (Ijob 42,16f)

Damit endet das Buch Ijob. Sein hohes Alter – 140 Jahre plus die Jahre, die er vor der Rehabilitierung gelebt hatte, hierfür sind nochmals 30 bis 40 Jahre anzusetzen – gilt als weiteres Zeichen für den Segen Gottes, der auf Ijob lag.

1.1.9 Fazit des Buches Ijob

Als Fazit kann aus dieser Geschichte gezogen werden:

- Im Leid darf man ungestraft gegen Gott klagen.

- Auch wer gegen Gott klagt, kann Segen erlangen.

- Leid ist keine Strafe Gottes.

- Im Zuhören steckt Trost.

In der Mitte des Buches Ijob spricht der Leidende:

Hört, hört doch auf mein Wort, das wäre mir schon Trost von euch. Ertragt mich, so dass ich reden kann." (Ijob 21,2f)

Was hier seinen Niederschlag fand, ist eine wichtige Lebenserfahrung. Sie deckt sich mit den Antworten aus einer Umfrage unter verwaisten Müttern, denen ihr Kind während der Schwangerschaft starb. Darin wurde Zuhören am häufigsten genannt, was in den ersten Stunden und Tagen nach dem Tod des Kindes als hilf- und trostreich erlebt oder gewünscht wurde. Besonders in Situationen, in denen es keinen Trost gibt, ist das Zuhören das einzig Hilfreiche, was für Leidende getan werden kann.

Allein im Zuhören erfolgt viel Trost.

Zuhören ist jedoch nicht nur ein Trost der ersten Stunde. Zuhören tröstet auch noch nach Monaten und Jahren. Dies gilt insbesondere beim Verlust eines geliebten Menschen. Indem der Trauernde auch später immer wieder davon erzählen kann, wird Anteilnahme ausgedrückt. Zuweilen kommen dabei selbst nach Jahren dem Trauernden noch Tränen. Es kann sein, dass der Trauernde sogar einen Weinanfall bekommt. Vielen „Tröstern" ist das höchst unangenehm. Sie wissen nicht, wie sie damit umgehen sollen. Einige Begleiter haben sogar Schuldgefühle, da sie durch ihr Interesse dieses Weinen ausgelöst haben. Allen jenen seien die Worte einer verwaisten Mutter zugesprochen, der ihr Kind während der Schwangerschaft starb. Sie schrieb die Worte:

Darüber zu reden tut weh,
darüber zu schweigen noch mehr.

Trifft den Leidenden schweres Leid, trägt er schwer an seinem Leid, dann ist es nicht mit einem einmaligen Erzählen der Leidensgeschichte getan. Hier bedarf es wiederholender Erzählungen. Dieses zum x-ten Male Erzählen kann für den Begleiter mitunter sehr belastend werden. Kennt er doch schon die ganze Geschichte auswendig. Der Leidende ist dann mit seinen Wiederholungen zu ertragen. Wie das Aushalten der Stille ist dieses Ertragen mitunter Schwerarbeit des Begleiters.

Auch im Zuhören von Wiederholungen erfolgt Trost.

1.2 Davids Trauer und Trost

1.2.1 Davids Trauer

Die Bibel kennt neben Ijob noch weitere Personen, die um ihre verstorbenen Kinder weinten. Von David ist berichtet, dass er um mindestens drei Kinder trauerte, vielleicht noch um drei weitere:

- **Amnon**

  Amnon war Davids Erstgeborener (2.Sam 2,3). Er wurde von seinem Halbbruder Abschalom ermordet (2.Sam 13,23-37), weil Amnon seine Halbschwester Tamar vergewaltigt hatte (2.Sam 13,1-22), die Schwester Abschaloms.

- **Kilab**

  Kilab war Davids zweiter Sohn (2.Sam 3,3). Er wird nur als Sohn Davis genannt, dann nie wieder. Es muss daher davon ausgegangen werden, dass er (natürlich?) verstarb.

- **Abschalom**

  Abschalom war Davids dritter Sohn (2.Sam 3,3). Er war der Thronfolger Davids und putschte gegen David, so dass David sogar aus Jerusalem fliehen musste. Doch Abschalom wollte den Tod Davids und verfolgte ihn daher. Dabei tötete ihn Joab, der getreue Heerführer Davids (2.Sam 15-18f).

- **Adonija**

  Adonija war Davids vierter Sohn (2.Sam 3,4). Ihn ließ der zum König gesalbte Salomo nach dem Tode Davids ermorden, weil er als Thronfolger gehandelt wurde (1.Kön 1,5.38) und er Salomo um Abischag zur Frau bat (1.Kön 2,13-46). Abischag hatte als schönstes Mädchen den hochbetagten David gepflegt (1.Kön 1-4).

- **Schefatja und Jitream**

  Schefatija war Davids fünfter Sohn (2.Sam 3,4) und Jitream Davids sechster Sohn (2.Sam 3,5). Beide sind nur als Söhne Davids genannt, später nicht mehr. Es muss davon ausgegangen werden, dass die beiden entweder wie Kilab früher verstarben oder wie Adonija von Salomo ermordet wurden.

- **Sohn der Batseba**

  David beging mit Batseba, der Frau des Hetiters Urija, Ehebruch. Der dabei gezeugte Sohn starb. (2.Sam 11f)

David erlebte sicher den Tod von drei seiner Kinder. Die beiden Kinder, die ihm auf den Thron folgen sollten, wurden ermordet. Der ältere Sohn von Salomo – er hätte im Prinzip auch Thronfolger werden können – starb eines natürlichen Todes.

„Eltern sollten nie in das Grab ihrer Kinder blicken müssen", kennt der Volksmund. Leider geschieht dies immer wieder, auch heute:

- Kinder sterben während der Schwangerschaft als Fehlgeburt oder Totgeburt, aber auch durch Schwangerschaftsabbruch.

- Kinder sterben während der Geburt.

- Kinder sterben kurz nach der Geburt.

- Kinder sterben in ihrer Kindheit und Jugendzeit.

- Kinder sterben im Erwachsenenalter.

Auch wenn der Sohn oder die Tochter im Alter von 50 oder 60 Jahren stirbt, für die Eltern stirbt immer ihr Kind. Oft ist dann von den Eltern die Frage zu hören: „Warum durfte ich nicht für ihn/sie sterben?" Viele Eltern hätten gerne den eigenen Tod auf sich genommen, wenn damit ihr Kind hätte leben können.

Schwangerschaftsabbruch (SSA)

Auch wenn sich die Eltern für einen SSA entschieden haben, trauern viele von ihnen um ihr totes Kind. Diese Trauer wird von vielen Menschen nicht akzeptiert. „Du hast Dich gegen Dein Kind entschieden", „Du hättest es anders haben können" und andere Zurückweisungen erfahren diese Eltern. Besonders von frommen Menschen wird dazu noch eine Schuldzuweisung ausgesprochen, bis hin, dass diese Frauen als „Kindsmörderin" beschimpft werden.

Diese Menschen kennen nicht die Not der Frauen im Konfliktfall. Als Seelsorger auch für diese Frauen lernte ich zwei Sätze, die die Not der Frauen im Konfliktfall deutlich machen:

„Wenn ich gekonnt hätte, hätte ich nicht das Kind, sondern die Umstände abgetrieben."

„In der Situation hat man zwischen zwei falschen Möglichkeiten zu entscheiden."

Eine junge Frau war religiös motiviert gegen SSA. Sie engagierte sich auch gegen SSA. Als sie selbst ungewollt schwanger wurde, sah plötzlich alles anders aus. In ihrer Not tat sie genau das, was sie noch Wochen zuvor so vehement bekämpft hatte. Sie ließ an sich einen SSA durchführen. Darunter litt sie sehr.

Dies sollte genügen, um das Leid der Frauen im Konfliktfall besser zu verstehen und mit Frauen nach einem SSA verständnisvoller umzugehen.

1.2.2 Davids Reaktionen

Am Leben Davids wird deutlich, dass ein Mensch beim Tod seiner Kinder sehr unterschiedliche Trauerreaktionen haben kann und dass Trost auf sehr unterschiedliche Weisen erfolgen kann.

Davids Trauer bei Amnons Tod

Als David vom Tod Amnons erfuhr, brach er in „heftiges Weinen aus. David trauerte lange Zeit um seinen Sohn." (2.Sam 13,36f). Abschalom floh zu seinen Großeltern nach Geschur und blieb dort drei Jahre. „Dann aber hörte der König allmählich auf, gegen Abschalom zu hadern; denn er hatte sich damit abgefunden, dass Amnon tot war." (2.Sam 13,39)

David trauerte drei Jahre lang um zwei Söhne, den erschlagenen Amnon und den flüchtigen Abschalom. Erst nach drei Jahren durfte Abschalom wieder an den Königshof zurück. Diese Zeit brauchte David für seine Trauer um Amnon.

Davids Trauer bei Abschaloms Tod

Bezeichnend ist Davids Reaktion bei der Nachricht vom Tod Abschaloms. Obwohl ihm dieser nach dem Leben trachtete, klagte David immer wieder: „Mein Sohn Abschalom, mein Sohn, mein Sohn Abschalom! Wäre ich doch an deiner Stelle gestorben, Abschalom, mein Sohn, mein Sohn!" (2.Sam 19,1)

Diese Haltung haben viele Eltern. Viele fragen sich und Gott, warum sie denn nicht für ihr Kind sterben konnten. Das unschuldige Kind hatte doch das volle Leben noch vor sich. Sie hingegen haben schon Jahrzehnte erleben dürfen.

Ganz Jerusalem nahm Anteil an der Trauer Davids. Nur Joab, der getreue Kämpfer Davids, hatte für die Trauer Davids wenig Verständnis. Er dachte zum einen an die öffentliche Vergewaltigungen der Nebenfrauen Davids durch Abschalom (2.Sam 16,21-23) und andererseits an Davids Pflichten als König:

Da ging Joab zum König ins Haus hinein und sagte: Du hast heute deine Diener mit Schmach bedeckt, die dir, deinen Söhnen und Töchtern, deinen Frauen und Nebenfrauen das Leben gerettet haben. Du zeigst ja denen deine Liebe, die dich hassen, und deinen Hass denen, die dich lieben; denn du gabst uns heute zu verstehen, dass dir die Anführer und die Krieger nichts bedeuten. Jetzt weiß ich, dass es in deinen Augen ganz richtig wäre, wenn Abschalom noch am Leben wäre, wir alle aber heute gestorben wären. Doch nun steh auf, geh hinaus und sag deinen Leuten einige anerkennende Worte! Denn ich schwöre dir beim HERRN: Wenn du nicht hinausgehst, dann wird bis zur kommenden Nacht keiner mehr bei dir sein und das wird für dich schlimmer sein als alles Unheil, das dir von deiner Jugend an bis jetzt zugestoßen ist. Da stand der König auf und setzte sich in das Tor. Und im Volk wurde bekannt: Siehe, der König sitzt im Tor. Da kamen alle Leute zum König. (2.Sam 19,6-9)

Wenn Menschen leitende Funktionen im öffentlichen Leben inne haben, können sie sich nicht so gehen lassen, wie andere Menschen Sie haben auch ihre Aufgaben zu erfüllen, so wie König David.

Bei allen klaren Worten, die Joab zu David sprach, beachtete er doch eines: Er tat David keine Gewalt an, sondern zeigte ihm deutlich auf, was für Folgen es hätte, wenn er sich nicht gleich dem Volk als König zeigen würde. Er ließ David die freie Entscheidung.

Eines sollte hierbei als Leidener wie auch als Begleiter beachtet werden: Vergewaltigung steht unter Strafe. Doch die meisten Vergewaltigungen werden nicht geahndet, weil es die Vergewaltigungen unserer Gefühle sind.

Wer nicht trauern kann, wie er im Augenblick will, weil berufliche oder gesellschaftliche Verpflichtungen dagegen sprechen, dem seien die Worte von Kohelet empfohlen (Koh 3,4):

Es gibt eine Zeit zum Weinen und eine Zeit zum Lachen, eine Zeit für die Klage und eine Zeit für den Tanz.

Trauernde brauchen ihre Zeit zum Weinen und zur Klage. Wenn Verpflichtungen sie daran hindern, ganztägig zu trauern, so ist es hilfreich zu wissen, dass man nach Erledigung der Verpflichtungen trauern kann. Viele verwaiste Mütter, die ihren Verpflichtungen nachkommen wollen, haben sich zu Hause eine Erinnerungsecke für ihr verstorbenes Kind eingerichtet. Abends zünden sie die Kerze an und gedenken ihres verstorbenen Kindes. Sie trauern dann ganz bewusst. Tagsüber, wenn die Trauer sie überfällt, können sie sich sagen, dass die Trauer am Abend gelebt werden kann. Sie hat noch bis dahin zu warten.

Davids Sorge und Trost

Bezeichnend ist David´s Trauer um den ersten gemeinsamen Sohn mit Batseba:

David suchte Gott wegen des Knaben auf und fastete streng; und wenn er heimkam, legte er sich bei Nacht auf die bloße Erde. Die Ältesten seines Hauses kamen zu ihm, um ihn dazu zu bewegen, von der Erde aufzustehen. Er aber wollte nicht und aß auch nicht mit ihnen. Am siebten Tag aber starb das Kind. Davids Diener fürchteten sich, ihm mitzuteilen, dass das Kind tot war; denn sie sagten: Wir haben ihm zugeredet, als das Kind noch am Leben war; er aber hat nicht auf uns gehört. Wie können wir ihm jetzt sagen: Das Kind ist tot? Er würde ein Unheil anrichten. David jedoch sah, dass seine Diener miteinander flüsterten, und merkte daran, dass das Kind tot war. Er fragte seine

Diener: Ist das Kind tot? Sie antworteten: Ja, es ist tot. Da erhob sich David von der Erde, wusch sich, salbte sich, wechselte seine Kleider, ging zum Haus des Herrn und warf sich (davor) nieder. Als er dann nach Hause zurückkehrte, verlangte er (zu essen). Man setzte ihm etwas vor, und er aß. Da fragten ihn seine Diener: Was soll das bedeuten, was du getan hast? Als das Kind noch am Leben war, hast du seinetwegen gefastet und geweint. Nachdem aber das Kind tot ist, stehst du auf und isst. Er antwortete: Als das Kind noch am Leben war, habe ich gefastet und geweint; denn ich dachte: Wer weiß, vielleicht ist der Herr mir gnädig, und das Kind bleibt am Leben. Jetzt aber, da es tot ist, warum soll ich da noch fasten? Kann ich es zurückholen? Ich werde einmal zu ihm gehen, aber es kommt nicht zu mir zurück. Und David tröstete seine Frau Batseba; er ging zu ihr hinein und schlief mit ihr. Und sie gebar einen Sohn, und er gab ihm den Namen Salomo. (2.Sam 12,16-24)

Hier zeigt David eine stark rationale Haltung, die sich in drei Schritten auszeichnet:

1. David fastet und betet um das Leben des Kindes.

2. Nach dem Tod des Kindes isst David wieder.

3. David schläft mit Batseba und zeugt mit ihr Salomo.

Die beiden ersten Schritte sind gut nachvollziehbar. Der dritte Schritt kann missverstanden werden: Kein nachgeborenes Kind kann das gestorbene Kind ersetzen. - Beim Tod meines Vaters waren Mutters erste Worte: „Jetzt haben die Kinder ihren Vater wieder." Mit 48 Jahren erfuhr ich somit, dass ich noch zwei Geschwister habe, die beide im 4. Schwangerschaftsmonat starben. Wir 8 lebende Kinder waren keinen Ersatz.

Trauernde Eltern sind in ihrer Trauer sehr unterschiedlich. Es gibt trauernde Väter und Mütter, die finden in Zärtlichkeit und Sex Trost. Andere hingegen ertragen dies nicht, weil Sex sie unweigerlich an das verstorbene Kind erinnert. Es ist daher sehr wichtig, bezüglich dieser Frage sehr behutsam zu sein.

1.3 Weitere Trauernde des AT

1.3.1 Trauer um Joschija

Aber die Bogenschützen trafen den König Joschija, der nun seinen Dienern zurief: Bringt mich weg, denn ich bin schwer verwundet! Sie hoben ihn vom Kriegswagen, setzten ihn auf seinen zweiten Wagen und brachten ihn nach Jerusalem. Dort starb er und wurde in den Gräbern seiner Väter beigesetzt. Ganz Juda und Jerusalem trauerten um Joschija. Jeremia aber hielt Klage über Joschija und alle Sänger und Sängerinnen singen auf ihn Klagelieder bis zum heutigen Tag. Es wurde dies zu einem festen Brauch in Israel. Sie sind aufgezeichnet in den Klageliedern. (2.Chr 35,23-25)

Joschijas Tod erschütterte das ganze Volk Israel. Alle trauerten um ihren König Joschija. Teilweise wurde ihre Trauer in Klageliedern niedergeschrieben, die schließlich Eingang in das AT fanden. Damit werden sie bis in die Gegenwart hinein gebetet und gesungen.

1.3.2 Trauer um Judas

Es entwickelte sich ein erbitterter Kampf, in dem beide Seiten schwere Verluste erlitten. Auch Judas fiel; die Übrigen flohen. Jonatan und Simeon holten ihren Bruder und bestatteten ihn im Grab seiner Väter in Modeïn. Ganz Israel beweinte ihn und hielt um ihn eine große Totenklage ab. Sie trauerten viele Tage lang und sagten: Ach, der Held ist gefallen, Israels Retter. (1.Makk 9,17-21)

Judas erwarb sich um das Volk Israel viele Verdienste. Daher hielt das ganze Volk Israel viele Tage eine große Totenklage um den verstorbenen Judas. Besonders schwer wiegt die Trauer, wenn auf den Verstorbenen große Hoffnung gesetzt wurde (Israels Retter). Mit dem Tod dieses Menschen stirbt auch die auf ihn gesetzte Hoffnung. Die Trauernden müssen sich neu orientieren.

Diese auf einen Menschen gesetzte Hoffnung kann sehr unterschiedlich sein. Hierzu einige Beispiele:

- Eheleute setzen die Hoffnung darauf, gemeinsam alt und glücklich zu werden.

- Eltern setzen ihre Hoffnung darauf, dass im Alter sich ihre Kinder um sie kümmern und dereinst auch beerben.

- Kinder setzen ihre Hoffnung darauf, dass sich ihre Eltern um sie kümmern und später gute Ratgeber für sie sind.

Durch den Tod des Menschen, auf den diese Hoffnung gesetzt wurde, stirbt mit dem Menschen auch diese Hoffnung. Gleiches gilt auch bei der Trennung von

Eheleuten und Paaren, ja sogar von Freundschaften. Es muss nicht immer der Tod des Menschen sein, der diese Trauer auslöst. Es genügt auch die Trennung. Mitunter wird die Trennung als schmerzlicher erfahren, weil man weiß, dass der andere Mensch noch lebt und es damit anders sein könnte.

Trauer wird nicht nur bei Tod erlebt,
sondern bei jeder Form von Trennung.

1.3.3 Trauer um Jonatan

In der Nähe von Baskama ließ er Jonatan umbringen und begraben. Dann zog Tryphon ab und kehrte in sein Land zurück. Simeon schickte einige Männer, um die Gebeine seines Bruders Jonatan holen und in Modeïn, der Stadt seiner Väter, bestatten zu lassen. Ganz Israel hielt eine große Totenklage für ihn ab und trauerte viele Tage um ihn. (1.Makk 13,23-26)

Es ist schlimm, wenn Menschen eines unnatürlichen Todes sterben. Oft werden sie dabei aus der Blüte ihres Lebens gerissen. Dieser plötzliche Tod beraubt die Hinterbliebenen der Möglichkeit des Abschiedes. Ein letztes „Danke" oder auch ein „Es tut mir leid" ist dann nicht mehr möglich. Wohl aus diesen Gründen greifen rund 2/3 der TeilnehmerInnen von Trost-Gottesdiensten bei der Wahl der Stationen zunächst zu Papier und Bleistift, um an den Verstorbenen oder an Gott einen Brief zu schreiben. Sie holen auf diese Weise nach, was ihnen durch den plötzlichen Tod verhindert wurde.

Bei Unfällen und selbst bei Krieg können sich die Trauernden sagen, dass es einfach Schicksal war, dass es den Verstorbenen getroffen hat. Bei Mord wie auch beim Suizid ist die Situation eine andere. Hier steht das bewusste Handeln eines Menschen mit der Absicht des Todes dahinter. Hier tragen die Trauernden besonders schwer. Dies gilt es, in der Begleitung zu beachten.

1.3.4 Der Kreis der Trauernden

Beim Tod von Joschija, Judas und Jonatan trauerte nicht nur die Sippe. Es trauerte das ganze Volk Israel.

Heute wird die Trauer oft nur auf der Ebene der Familie gesehen. Dass der/die Verstorbene sich in einem Verein über viele Jahre engagiert hatte, dass er/sie sich in Staat oder Kirche eingebracht hatte, dass er/sie sich in der Arbeit einen Namen errungen hatte, wird oft nicht gesehen. Dabei trauert das gesamte soziale Umfeld. Diesem sollte die Möglichkeit gegeben werden, dem/der Toten die letzte Ehre zu erweisen, was für sie auch Trost bedeutet.

Manchmal wird im Kreis der Familie nur die eigene Trauer gesehen und eine kleine Beerdigung gewünscht. Zuweilen will man aus finanziellen Gründen eine Beerdigung im kleinen Kreis der Familie. In diesen Fällen wird das gesamte soziale Umfeld des/der Verstorbenen ausgeschlossen. Für diese Trauernden fehlt etwas, was zu unserer Trauerkultur gehört.

Ein ca. 60-jähriger Patient, der seit Jahrzehnten keinen Kontakt zu seinen Geschwistern hatte, verstarb im Kreis seiner Freunde an Krebs. Da seine Freunde gerne die Beerdigung mitsamt den Kosten übernommen hätten, wandten sie sich an den Bruder. Dieser sagte, dass er sich schon um die Beerdigung kümmern würde. Die Freunde warteten wochenlang auf eine Todesanzeige. Schließlich rief ein Freund beim Bruder an und erfuhr, dass der Verstorbene bereits auf einem anonymen Gräberfeld bestattet wurde. Die Karlsruher Freunde baten mich, an einem Freitagabend einen Gedenkgottesdienst zu halten. Hierzu kam auch der gesamte Freundeskreis aus der Schweiz. Am Samstagvormittag wurde eine kleine Trauerfeier auf dem anonymen Gräberfeld gehalten. Hierzu kamen noch die Arbeitskollegen des Verstorbenen. Die Kanzlerin der Universität würdigte in ihrer Ansprache die großen Verdienste des Verstorbenen.

Dieses Beispiel zeigt überdeutlich, dass nicht nur die Familie um den/die Verstorbene trauert, sondern das gesamte soziale Umfeld des/der Verstorbenen. Auch sie wollen an der Trauerfeier und der Bestattung teilnehmen. Sie wollen dem/der Verstorbenen nicht nur die letzte Ehre erweisen. Sie suchen durch die Teilnahme auch für sich Trost. Dies sollte dem sozialen Umfeld nicht verwehrt werden.

Wenn Begleiter von der Fragestellung mitbekommen, ob die Trauerfeier und Bestattung im kleinen familiären Bereich erfolgen soll, ist es angebracht, diese Trauernden auf das soziale Umfeld hinzuweisen, in dem der Verstorbene gelebt und gewirkt hat, und darauf, dass das ganze soziale Umfeld um den Verstorbenen trauert. Es soll daher auch dem gesamten sozialen Umfeld die Möglichkeit gegeben werden, sich von dem Verstorbenen zu verabschieden.

Eine „große Beerdigung" kann für die Familienangehörigen sehr tröstend sein, weil sie sehen, wie viele Menschen um den Verstorbenen trauern. Dabei muss man die einzelnen Personen nicht kennen. Alleine die Anzahl macht es deutlich.

Durch Nachrufe können die Familienangehörigen auch erfahren, was der Verstorbene anderen Menschen und Gruppen bedeutet hat. Auch dies kann sehr tröstlich sein.

Freunde, Bekannte, Nachbarn, Arbeitskollegen

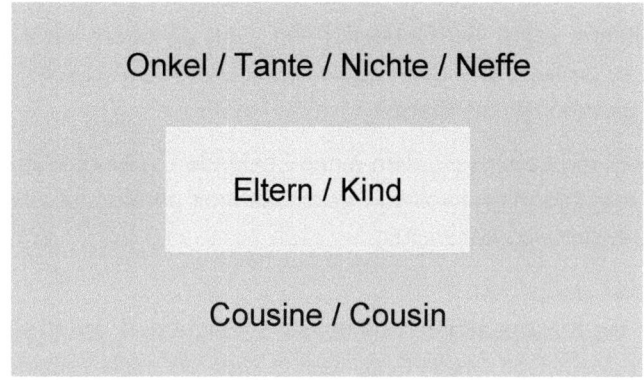

Abb. 1 – Das soziale Umfeld der Trauernden

Diese „große Beerdigung" muss nicht teuer werden. Das anschließende Zusammensitzen in einem Gasthaus oder Café kann dennoch im Kreis der Familie geschehen. Die Bestattung selbst sollte in jedem Fall im Lebens- und Wirkungskreis des Verstorbenen geschehen. Die Menschen des gesamten soziale Umfeld sollten Abschied nehmen können.

Familienangehörige berauben daher mit einer „kleinen Beerdigung" das soziale Umfeld um die Möglichkeit der Abschiedsnahme und sich selbst dieses o.g. Trostes. Darauf sollte in der Begleitung hingewiesen werden.

1.4 Klage, die 5. Gebetsform

Enttäuschung, Ohnmacht, Wut und Zorn
sind wie der Eiter einer Wunde.
Sie müssen heraus,
damit rasche Heilung erfolgen kann.

Die übliche Liturgie kennt vier Gebetsformen: Gott zu loben, ihn zu preisen, ihn zu bitten und ihm zu danken. Die Bibel kennt noch eine 5. Gebetsform, die liturgisch in Vergessenheit geraten ist: Die Klage.

Die Klage bringt die Lebenssituation eines Leidenden in einem Gebet vor Gott. Da die Klage als Gebetsform fast völlig in Vergessenheit geraten ist, sind einige Punkte bei ihrer Wiederbelebung sehr wichtig:

* Klage ist eine Gebetsform.
  Dies zeigen die Klagepsalmen. Selbst Jesus zeigte dies am Kreuz auf, als er mit den Worten „Mein Gott, mein Gott, warum hast du mich verlassen" den Anfang von Psalm 22 gebetet hat. Daher braucht kein Klagender ein schlechtes Gewissen zu haben. Klage ist Gebet, so wie das Vater-unser-Gebet oder das Rosenkranz-Gebet, und darf daher mit reinem Gewissen gebetet werden.

* Klage wird von Gott belohnt.
  Dass Klage von Gott belohnt wird, zeigt das Buch Ijob, in dem Ijob am Ende doppelt so große Herden, die gleiche Anzahl der Kinder und ein langes Leben bekommt. Dies zeigt auch sehr deutlich das Ringen Jakobs mit Gott, der am Ende dafür gesegnet wurde.

* Klage ist an keine bestimmte Textform gebunden.
  Dies zeigen die Texte der Klagelieder. Man darf frei seine ganz persönliche Lebenssituation vor Gott bringen.

Diese Punkte sind bei der Wiederbelebung der Klage in der praktischen Seelsorge zu beachten. Vielleicht findet die Klage über die angewandte praktische Seelsorge auch Eingang in die Liturgie.

Was für körperliches Leid die Schmerzmittel,
ist für seelisches Leid die Klage.

Bei akuten körperlichen Schmerzen werden Schmerzmittel verabreicht, denn nur so können sie ausgehalten oder zumindest gelindert werden.

Bei akutem großen (seelischem) Schmerz verschafft nur Klage etwas Linderung. Den Schmerz kann die Klage nicht nehmen, nur lindern. In der akuten Situation gibt es nichts Wirksameres. Es ist daher nicht verwunderlich, dass die Bibel die Klage in verschiedenen Büchern kennt.

1.4.1 Klage beim Propheten Jeremia

Der Prophet Jeremia wurde um das Jahr 626 v.C. zum Propheten berufen. Sein Wirken fällt in die Zeit der Könige Joschija, Joahas, Jojakim, Jojachin und Zedekia, d.h. bis zum Jahr 585 v.C. Lange predigte er vom Untergang Jerusalems, den er schließlich im Jahr 586 v.C. erleben musste, bevor er nach Ägypten verschleppt wurde und dort sein Leben beendete.

Jeremia wurde durch seine Gesellschaftskritik – vor allem durch seine Kritik an den Priestern und Königen – zum Außenseiter. Er hatte sich von jeder Geselligkeit fern zu halten (Jer 15,17). Ähnlich wie Ijob (Ijob 3) verfluchte auch Jeremia den Tag seiner Geburt (Jer 20,14-18).[16]

Die Klagelieder werden Jeremia zugeschrieben, weil er genau dies durchlebte, was in den Klageliedern beklagt wird. Das „Buch des Propheten Jeremia" hingegen darf nicht als einheitliches Werk angesehen werden. Nur die Kapitel 1 bis 25 dürften vom Propheten Jeremia selbst stammen. Die übrigen Kapiteln sind wohl anderen Verfassern zuzuschreiben.

Es ist schwer vorstellbar, wie nach der Eroberung Jerusalems die Situation um die Stadt herum war. Der Vers Jer 14,18 lässt erahnen, welche Zustände nach der Zerstörung geherrscht haben:

> Gehe ich aufs Feld hinaus - siehe: vom Schwert Durchbohrte! Komme ich in die Stadt - siehe: vom Hunger Gequälte! Ja, auch Prophet und Priester ziehen in ein Land, das sie nicht kennen. (Jer 14,18)

Jeremia beschreibt deutlich, wonach vielen Trauernden in der ersten Phase der Trauer ist: sie wollen einfach nur trauern.

> Meine einzige Freude ist der Kummer; mein Herz ist krank. (Jes 8,18)

> Ach, wäre mein Haupt doch Wasser, mein Auge ein Tränenquell: Tag und Nacht beweinte ich die Erschlagenen der Tochter, meines Volkes. (Jer 8,23)

Es muss eine sehr grausame und schreckliche Zeit gewesen sein, denn normale Trauerriten konnten oder durften nicht gehalten werden:

---

16 Hierbei ist zu beachten, dass der Verfasser des Buches Ijob diese Selbstverfluchung vom rund 300 Jahre älteren Jeremia-Text übernommen hat.

Keinem wird man das Trauerbrot brechen, um ihn wegen eines Verstorbenen zu trösten; man wird ihnen nicht den Trostbecher zu trinken geben wegen seines Vaters oder seiner Mutter. (Jer 16,7)

Den Menschen war das versagt, was sie als Trost empfanden. Damit wurde ihr Schmerz und ihre Trauer künstlich verstärkt. Dies zeigt auf, wie wichtig Trauerriten sind und dass diese in jedem Fall den Trauernden ermöglicht werden sollen. Eine Verweigerung der vertrauten Trauerriten entspricht einer seelischen Grausamkeit. Siehe Kapitel: Bestattungskultur

1.4.2 Klagelieder

Die Klagelieder wurden vom Propheten Jeremia nach der Zerstörung des Tempels und ganz Jerusalems (586 v.C.) verfasst. Jeremia beschreibt darin nicht nur die Zerstörung und die Toten, sondern auch, welch tiefe spirituelle Erschütterung die Zerstörung Jerusalems und seines Tempels unter den Israeliten angerichtet hat. Wie konnte Jahwe nur zulassen, dass der Tempel, das ihm errichtete Haus, zerstört wurde? Hat sich Jahwe von Israel zurückgezogen? Ist Israel nicht mehr Gottes Eigentum (Ps 135,4), nicht mehr Gottes Volk und die Herde seiner Weide (Ps 100,3)?

Bereits der Beginn der Klagelieder beschreibt global die emotionale wie auch die spirituelle Katastrophe, die sich für die Juden durch die Eroberung Jerusalems ergab. Aus dem einstigen Pilgerziel – der religiösen und nationalen Hauptstadt – wurde Jerusalem ein Trümmerhaufen.

Weh, wie einsam sitzt da die einst so volkreiche Stadt! Einer Witwe wurde gleich die Große unter den Völkern. Die Fürstin über die Länder ist zur Fron erniedrigt. Sie weint und weint des Nachts, Tränen auf ihren Wangen. Niemand ist da, sie zu trösten, unter all denen, die sie liebten. Untreu sind all ihre Freunde, sie sind ihr zu Feinden geworden. In die Verbannung zog Juda aus Elend und harter Knechtschaft. Nun weilt sie unter den Völkern und findet nicht Ruhe. All ihre Verfolger holten sie ein mitten in der Bedrängnis. Die Wege nach Zion trauern, niemand pilgert zum Fest, verödet sind all ihre Tore. (Klgl 1,1-4)

Für Lebensmittel war man bereit, seine Schätze herzugeben, nur damit man überleben konnte.

All ihre Bewohner seufzen, verlangen nach Brot. Sie geben ihre Schätze für Nahrung, nur um am Leben zu bleiben. HERR, sieh doch und schau, wie sehr ich verachtet bin. (Klgl 1,11)

Der Beter trägt seine ganze Not beschreibend vor Gott vor, als wäre Gott blind. Damit verdeutlicht der Beter, wie sehr er leidet und woran er leidet. - Doch in Kapitel 2 ändert sich diese Haltung. Gott ist es, der die Vernichtung Jerusalems plante und ausführte:

> Zu schleifen plante der HERR die Mauer der Tochter Zion. Er spannte die Messschnur und zog nicht zurück seine Hand vom Vernichten. (Klgl 2,8)

> Getan hat der HERR, was er geplant, seinen Drohspruch vollzogen, den er seit alters verkündet hat. Schonungslos hat er niedergerissen. (Klgl 2,17)

Diese Unlogik – Gott muss die eigene Not aufgezeigt werden, Gott hat diese Not geplant und zugelassen oder gar selbst ausgeführt – ist typisch für Trauernde. Die heutige Medizin kennt die Antwort darauf: Rationale Gedanken erfolgen im Stirngehirn, Emotionen jedoch im limbischen System. Dieses kann nicht rational denken. Bei ihm schießen wirre Gedanken durch den Kopf. Daher sollten Begleiter Verständnis haben, wenn Trauernde wirr reden und unvernünftig handeln.

Im 3. Kapitel fasst der Beter neue Hoffnung:

> Das will ich mir zu Herzen nehmen, darauf darf ich harren: Die Huld des HERRN ist nicht erschöpft, sein Erbarmen ist nicht zu Ende. (Klgl 3,21f)

Diese Hoffnung ermutigt den Beter, seine Not erneut Gott vorzutragen:

> Da rief ich deinen Namen, HERR, tief unten aus der Grube. Du hörtest meine Stimme: Verschließ nicht dein Ohr vor meinem Seufzen, meinem Schreien! Du warst nahe am Tag, da ich dich rief; du sagtest: Fürchte dich nicht! (Klgl 3,55-57)

Für uns Menschen des 21. Jh. ist es schwer vorstellbar, in welcher Not die Menschen in Israel nach der Zerstörung Jerusalems und des Tempels gelebt haben. Diese Stelle gibt jedoch einen tiefen Einblick in die Not der Menschen jener Zeit:

> Besser die vom Schwert Getöteten als die vom Hunger Getöteten; sie sind verschmachtet, vom Missertrag der Felder getroffen. Die Hände liebender Frauen kochten die eigenen Kinder. Sie dienten ihnen als Speise. (Klgl 4,9f)

Auch Monate oder gar Jahre später ging es um das nackte Überleben. Hierzu fielen alle Hemmungen. Diese Not wurde Gott vorgetragen in der Hoffnung, dass Gott hierauf Erbarmen haben werde. Kannibalismus darf es doch nicht geben!

Der Zerstörung Jerusalems folgte die in Kapitel 5 beschriebene Ausbeutung, Sklaverei und noch immer Tod durch die Eroberer. Daher enden die Klagelieder mit großem Zweifel:

Du, HERR, thronst ewig, dein Thron besteht von Geschlecht zu Geschlecht. Warum willst du uns für immer vergessen, uns verlassen fürs ganze Leben? Lass du, HERR, uns zurückkehren zu dir, dann kehren wir um! Erneuere unsere Tage wie in der Urzeit. (Klgl 5,19-21)

Die Klagelieder zeigen uns sehr deutlich das Leid der Menschen im Jahr 586 v.C. und der nachfolgenden Zeit auf. Sie sind nicht nur ein Zeugnis der Grausamkeit des Krieges, sondern auch ein Beispiel, wie irrational Trauernde denken können. Dies sollten Begleiter einfach stehen lassen, denn Leidende sind nicht immer zu rationalen Gedanken fähig.

Klagelieder sind auch ein deutliches Beispiel dafür, dass Klage – und damit auch Gebet - keiner besonderen Form bedarf. Man darf seine Klage frei vor Gott tragen, ganz „wie einem der Schnabel gewachsen ist".

1.4.3 Klagepsalmen

Klagepsalmen sind die ältesten geschlossenen Klagetexte der Bibel. In den Klagepsalmen tragen die Menschen ihr Leid klagend vor Gott vor. Klage ist dabei nicht nur ein Gebet, es ist auch ein Rufen und ein Schreien.

Der unter Christen bekannteste Klagepsalm ist Psalm 22, genauer gesagt, dessen Anfang. Jesus betete, am Kreuz hängend: „Mein Gott, mein Gott, warum hast du mich verlassen?" (Mt 27,46)

Gruppierung der Klagepsalmen

Die Klagepsalmen werden in zwei Gruppen zusammengefasst:

* Klagepsalmen des Einzelnen
  Bei den Klagepsalmen des Einzelnen wendet sich immer der eine Beter in seinen ganz persönlichen Anliegen an Gott. Es werden dabei singuläre Begriffe verwendet wie „ich" und „mich".
  Zu den Klagepsalmen des Beters zählen: Ps 3-7; Ps 13; Ps 17; Ps 22; Ps 26; Ps 28; Ps 31; Ps 35; Ps 38; Ps 39; Ps 54-57; Ps 59; Ps 61; Ps 64; Ps 70; Ps 88; Ps 102; Ps 109; Ps 140-143.

* Klagepsalmen des Volkes
  Bei den Klagepsalmen des Volkes wenden sich oft die Beter kollektiv an Gott. Es werden dabei plurale Begriffe verwendet wie „wir" und „uns".
  Zu den Klagepsalmen des Volkes zählen: Ps 44; Ps 60; Ps 74; Ps 79; Ps 80; Ps 83; Ps 85

Die beiden Gruppen der Klagepsalmen zeigen deutlich auf, dass man seine persönliche Not wie auch die kollektive Not vor Gott bringen darf. Keine der beiden Formen wird ausgeschlossen.

Klagepsalmen des Einzelnen

Die meisten Klagepsalmen des Einzelnen sind König David zugeschrieben. Ob sie wirklich von ihm verfasst wurden oder zumindest aus seiner Regierungszeit stammen, soll hier kein Thema sein. Es soll hier vielmehr um die Inhalte gehen.

Auch werden nicht alle Klagepsalmen genannt. Es wird nur auf einige Klagepsalmen beispielhaft eingegangen.

Psalm 3 beschreibt die Situation Davids, als er von seinem Sohn Abschalom floh, der nach Davids Leben trachtete, um unangefochten in Israel als König herrschen zu können:

HERR, wie viele sind meine Bedränger; viele stehen gegen mich auf. Viele gibt es, die von mir sagen: Er findet keine Hilfe bei Gott. Du aber, HERR, bist ein Schild für mich, du bist meine Ehre und erhebst mein Haupt. (Ps 3,2-4)

In Psalm 5 sieht sich David von gefährlichen Menschen umgeben:

Denn aus ihrem Mund kommt kein wahres Wort, ihr Inneres ist voll Verderben. Ihre Kehle ist ein offenes Grab, aalglatt ist ihre Zunge. (Ps 5,10)

In Psalm 7 betont David seine Unschuld. Daher soll Gott ihm beistehen:

HERR, mein Gott, wenn an meinen Händen Unrecht klebt, wenn ich meinem Freunde Böses tat, wenn ich den ausraubte, der mich jetzt grundlos bedrängt, dann soll mich der Feind verfolgen und ergreifen; er trete zu Boden mein Leben und lege in den Staub meine Ehre. (Ps 7,4-6)

Gleiches gilt für Ps 17,1-5; Ps 26,1-5.11; Ps 59,5

Auch hier sieht sich der Beter als Unschuldigen, den jetzt schwere Not getroffen hat. In Psalm 13 fühlt sich der Beter für lange Zeit von Gott vergessen:

Wie lange noch, HERR, vergisst du mich ganz? Wie lange noch verbirgst du dein Angesicht vor mir? Wie lange noch muss ich Sorgen tragen in meiner Seele, Kummer in meinem Herzen Tag für Tag? Wie lange noch darf mein Feind sich über mich erheben? (Ps 13,2f)

In Psalm 55 klagt der Beter, dass er von einem Freund und Vertrauten hintergangen wurde, eine Situation, die als besonders schmerzlich erlebt wird:

Denn nicht ein Feind beschimpft mich, das könnte ich ertragen; nicht einer, der mich hasst, tritt groß gegen mich auf, vor ihm könnte ich mich verbergen. Nein, du bist es, ein Mensch mir gleich, mein Freund und mein Vertrauter. Wir haben unsere Vertrautheit genossen, wir gingen im Haus Gottes umher in wogender Menge. (Ps 55,13-15)

Gottverlassenheit

Große Not klingt aus Psalm 22. Der Beter sieht sich als von Gott verlassen und dem Tode nahe. In dieser Situation erhofft er sich Hilfe von Gott. Da Jesus am Kreuz begonnen hat, diesen Psalm zu beten (Mt 27,46), soll hier die große Not des Beters genannt sein:

Mein Gott, mein Gott, warum hast du mich verlassen, bleibst fern meiner Rettung, den Worten meines Schreiens? Mein Gott, ich rufe bei Tag, doch du gibst keine Antwort; und bei Nacht, doch ich finde keine Ruhe. ... Ich aber bin ein Wurm und kein Mensch, der Leute Spott, vom Volk verachtet. Alle, die mich sehen, verlachen mich, verziehen die Lippen, schütteln den Kopf: ... Sei mir nicht fern, denn die Not ist nahe und kein Helfer ist da! ... Aufgesperrt haben sie gegen mich ihren Rachen, wie ein reißender, brüllender Löwe. Hingeschüttet bin ich wie Wasser, gelöst haben sich all meine Glieder, mein Herz ist geworden wie Wachs, in meinen Eingeweiden zerflossen. Meine Kraft ist vertrocknet wie eine Scherbe, die Zunge klebt mir am Gaumen, du legst mich in den Staub des Todes. Denn Hunde haben mich umlagert, eine Rotte von Bösen hat mich umkreist. Sie haben mir Hände und Füße durchbohrt. Ich kann all meine Knochen zählen; sie gaffen und starren mich an. (Ps 22,1f. 7f. 12. 14-18)

Auch heute haben viele Leidende das Gefühl der Gottverlassenheit. In der seelsorgerischen Begleitung ist es dann wenig hilfreich, darauf zu verweisen, dass Gott den Leidenden nicht verlassen hat. Damit wird dieses Gefühl nicht aufgehoben. Hilfreicher ist es, an die gemachten Gotteserfahrungen zu erinnern:

Dir haben unsere Väter vertraut, sie haben vertraut und du hast sie gerettet. Zu dir riefen sie und wurden befreit, dir vertrauten sie und wurden nicht zuschanden. (Ps 22,5f)

Ebenso ist es möglich, mit oder für den Leidenden zu beten, dass Gott wieder gütig an dem Leidenden handeln möge:

Du aber, HERR, halte dich nicht fern! Du, meine Stärke, eile mir zu Hilfe! Entreiß mein Leben dem Schwert, aus der Gewalt der Hunde mein einziges Gut! (Ps 22,20f)

Was dieser Leidende braucht, ist eine neue Gotteserfahrung. Zuweilen ist er zu glaubensschwach und/oder zu verzweifelt, um selbst darum beten zu können. Dann kann es für ihn hilfreich sein zu wissen, dass es jemanden gibt, der stellvertretend für ihn betet.

Gottvertrauen

Psalm 31 zeichnet sich unter den Klagepsalmen dadurch aus, dass das große Gottvertrauen der Klage vorangestellt ist:

HERR, bei dir habe ich mich geborgen. Lass mich nicht zuschanden werden in Ewigkeit; rette mich in deiner Gerechtigkeit! Neige dein Ohr mir zu, erlöse mich eilends! Sei mir ein schützender Fels, ein festes Haus, mich zu retten! Denn du bist mein Fels und meine Festung; um deines Namens willen wirst du mich führen und leiten. Du wirst mich befreien aus dem Netz, das sie mir heimlich legten; denn du bist meine Zuflucht. In deine Hand lege ich voll Vertrauen meinen Geist; du hast mich erlöst, HERR, du Gott der Treue. (Ps 31,2-6)

Ebenso ist es in Psalm 35:

Von David. Streite, HERR, gegen alle, die gegen mich streiten, bekämpfe alle, die mich bekämpfen! Ergreife Schild und Waffen; steh auf, um mir zu helfen! Schwing den Speer und die Lanze gegen meine Verfolger! Sag zu mir: Ich bin deine Hilfe! (Ps 35,1-3)

Dieses, den Klagepsalmen eines Einzelnen vorangestellte Gottvertrauen, hat die Intention, dass Gott nicht enttäuschen soll.

Klage eines Kranken

Psalm 38 enthält die Klage eines Kranken. Krankheit wird dabei als Gottes Zucht und Strafe angesehen:

HERR, strafe mich nicht in deinem Zorn und züchtige mich nicht in deinem Grimm! Denn in mich herabgefahren sind deine Pfeile und deine Hand fuhr auf mich nieder. (Ps 38,2f)

Heute sehen wir dank unseres medizinischen Wissens Krankheit nicht als Strafe Gottes an. Auch wenn es noch Krankheiten gibt, deren Ursachen unerforscht sind, so schreiben wir auch diese heutzutage nicht mehr Gott zu. Die weiteren Verse jedoch beschreiben sehr deutlich, wie sich auch heute Kranke fühlen:

Nichts blieb gesund an meinem Fleisch, weil du mir grollst; weil ich gesündigt, blieb an meinen Gliedern nichts heil. Denn über den Kopf gewachsen sind mir meine Sünden, sie erdrücken mich wie eine schwere Last. Stinkend und eitrig wurden meine Wunden wegen meiner Torheit. Ich habe mich gekrümmt, bin tief gebeugt, den ganzen Tag ging ich trauernd einher. Denn meine Lenden waren voller Brand, nichts blieb gesund an meinem Fleisch. Kraftlos bin ich geworden, ganz zerschlagen, ich schrie in der Qual meines Herzens. HERR, all mein Sehnen liegt offen vor dir, mein Seufzen war dir nicht verborgen. Mein Herz pochte heftig, meine Kraft hat mich verlassen, das Licht meiner Augen, auch sie sind erloschen. Freunde und Gefährten bleiben mir fern in meinem Unglück und meine Nachbarn blieben mir fern. (Ps 38,4-12)

Bis hin, dass Freunde und Nachbarn dem Kranken fern bleiben, beschreiben diese Verse die Erfahrungen der Kranken unserer Tage. Oft ist es Hilflosigkeit der Freunde und Nachbarn. Sie wissen nicht so recht mit dem Leid des Kranken umzugehen und bleiben daher lieber dem Kranken fern. Dies schmerzt den Kranken zusätzlich. So ist es auch in Ps 38 genannt.

Da die Verse 4 bis 11 bzw. 12 auch den heutigen Kranken aus der Seele sprechen, sind diese Verse sehr gut für die Krankenpastoral geeignet. Es können noch die beiden letzte Verse von Psalm 38 hinzugefügt werden:

Verlass mich nicht, HERR, mein Gott, bleib mir nicht fern! Eile mir zu Hilfe, HERR, du mein Heil! (Ps 38,22f)

Klage eines Sterbenden

Auch das eigene Sterben ist in den Psalmen thematisiert. In Psalm 39 klagt ein Sterbender:

Heiß wurde mir das Herz in der Brust, bei meinem Grübeln brennt ein Feuer; da redete ich mit meiner Zunge. HERR, lass mich erkennen mein Ende und die Zahl meiner Tage! Ich will erkennen, wie vergänglich ich bin! Siehe: Du machtest meine Tage nur eine Spanne lang, meine Lebenszeit ist vor dir wie ein Nichts. Nur als Hauch steht jeder Mensch da. Nur wie ein Schattenbild wandelt der Mensch dahin, um ein Nichts macht er Lärm. Er rafft zusammen und weiß nicht, wer es einheimst. Und nun, HERR, worauf habe ich gehofft? Meine Hoffnung, sie gilt dir! ... Hör mein Gebet, HERR, vernimm mein Schreien, schweig nicht zu meinen Tränen! Denn ich bin ein Gast bei dir, ein Beisasse wie alle meine Väter. Blick weg von mir, sodass ich heiter blicken kann, bevor ich dahinfahre und nicht mehr da bin! (Ps 39, 4-8. 13f)

Mit der Auswahl dieser Verse ist Psalm 39 geeignet, von einem Sterbenden gebetet zu werden. Auch für „austherapierte Patienten" ist er gut vorstellbar. Wichtig ist jedoch, dass sie als Angebot unterbreitet und nicht übergestülpt werden. Es kann sein, dass der Todgeweihte bzw. Sterbende sich so wie in Psalm 39 beschrieben (noch) gar nicht sieht. Dann würde ein gebeteter Psalm 39 mehr Schaden anrichten als helfen.

Gleiches gilt für die ausgewählten Verse von Psalm 88:

HERR, du Gott meiner Rettung, am Tag und in der Nacht schrei ich vor dir. Lass mein Bittgebet vor dein Angesicht kommen, neige dein Ohr meinem Rufen! Denn mit Leid ist meine Seele gesättigt, mein Leben berührt die Totenwelt. Schon zähle ich zu denen, die hinabsteigen in die Grube, bin wie ein Mensch, in dem keine Kraft mehr ist. Ausgestoßen unter den Toten, wie Erschlagene, die im Grab liegen, derer du nicht mehr gedenkst, abgeschnitten sind sie von deiner Hand. Du brachtest mich in die unterste Grube, in Finsternisse, in Tiefen. Auf mir lastet dein Grimm, mit all deinen Wogen drückst du mich nieder. Entfernt hast du von mir meine Vertrauten, zum Abscheu machtest du mich ihnen. Gefangen bin ich und komm nicht heraus. Mein Auge erlischt vor Elend. Den ganzen Tag, HERR, ruf ich zu dir, ich strecke nach dir meine Hände aus. ... Elend bin ich, ein Sterbender von Jugend an, ich trage deine Schrecken und erstarre. ... Entfernt hast du von mir Freunde und Nachbarn, mein Vertrauter ist nur noch die Finsternis. (Ps 88,3-10.16.19)

Fazit

Vieler dieser in den Klagepsalmen des Einzelnen beschriebenen Zustände kennen die Menschen der Gegenwart. Sie finden sich darin wieder. Schwer ist es, wenn die Zeit der Klage lange dauert (Ps 13), wenn man krank (Ps 38) oder gar sterbend ist (Ps 39 und Ps 88), wenn man von einem Freund und Vertrauten hintergangen wurde (Ps 55) oder, wenn man sich sogar von Gott verlassen fühlt (Ps 22). Es gibt kaum eine Lebenssituation, die dem Psalmisten fremd ist, die er nicht klagend vor Gott bringt.

Bei aller persönlichen Not und Klage, die der Beter in den Klagepsalmen des Einzelnen vor Gott bringt, endeten viele Klagepsalmen des Einzelnen mit einem Zeugnis des Gottvertrauens:

Beim HERRN ist die Hilfe. Auf deinem Volk ist dein Segen. (Ps 3,9)

In Frieden leg ich mich nieder und schlafe; denn du allein, HERR, lässt mich sorglos wohnen. (Ps 4,9)

Denn du, HERR, segnest den Gerechten. Wie mit einem Schild deckst du ihn mit Gnade. (Ps 5,13)

Ich aber habe auf deine Güte vertraut, mein Herz soll über deine Hilfe jubeln. Singen will ich dem HERRN, weil er mir Gutes getan hat. (Ps 13,6)

Hilf deinem Volk und segne dein Erbe, weide und trage sie in Ewigkeit! (Ps 28,9)

Ich aber setze mein Vertrauen auf dich. (Ps 54,24)

Meine Stärke, dir will ich singen und spielen, denn Gott ist meine schützende Burg, er, mein huldreicher Gott. (Ps 59,18)

Klagepsalmen des Volkes

In Psalm 44 wurde versucht, Gott in die Pflicht zu nehmen: In Vers 3 wurde Gott daran erinnert, dass er für Israel Völker vertrieben und Nationen zerschlagen hat. Nun aber handelt Gott so anders:

Doch nun hast du uns verstoßen und mit Schmach bedeckt, du ziehst nicht mehr aus mit unseren Heeren. Du lässt uns vor unsern Bedrängern fliehen und die uns hassen, plünderten uns aus. Du gibst uns preis wie Schlachtvieh und unter die Völker hast du uns zerstreut. (Ps 44,10-12)

Die einzige Erklärung, die das Volk Israel für das Verhalten Gottes hatte, ist dessen Schlaf – oder zumindest dessen Unaufmerksamkeit. Daher betete Israel:

Wach auf! Warum schläfst du, Herr? Erwache, verstoß nicht für immer! Warum verbirgst du dein Angesicht, vergisst unser Elend und unsre Bedrückung? Unsere Seele ist in den Staub gebeugt, unser Leib klebt am Boden. Steh auf, uns zur Hilfe! In deiner Huld erlöse uns! (Ps 44,24-27)

Bemerkenswert ist hierbei, dass die eigene Not nicht mit Schuld und Sünde in Verbindung gebracht wird, sondern mit Gottes Unaufmerksamkeit.

Ein ganz anderes Bild von Gott gibt Psalm 60. Danach hatte sich Gott aktiv von Israel abgewendet und sein Volk verstoßen. Gott zürnte sogar Israel. Daher lautete die Bitte des Volkes, dass sich Gott ihnen wieder zuwendet und die Feinde zertritt. - Bemerkenswert dabei ist, dass offenbar nach dem Grund nicht gefragt wurde, weshalb sich Gott von Israel angewendet hat. Damit sind Schuld und Sünde in Psalm 60 kein Thema.

Während in Psalm 60 ohne Nachfrage das Abwenden Gottes angenommen wird, wird es in Psalm 74 angefragt:

Warum, Gott, hast du uns für immer verstoßen, warum raucht dein Zorn gegen die Herde deiner Weide? (Ps 74,1)

Auch hier sind Schuld und Sünde kein Thema. Gott aber wird für sein Handeln angefragt. Die Menschen wollen Gottes Handeln verstehen.

Im Psalm 74 wird Gott aufgezählt, was fremde Völker an Gottes Heiligtum angerichtet haben. Es ist so, als zeigten die Menschen mit ihrer Klage Gott auf, was er womöglich nicht wahrgenommen hat. Die Menschen stoßen Gott quasi mit der Nase darauf hin, was doch unmöglich hätte passieren dürfen:

Erhebe deine Schritte zu den bleibenden Trümmern! Der Feind hat im Heiligtum alles verwüstet. Deine Widersacher lärmten mitten in der Stätte deiner Gegenwart, ihre Feldzeichen stellten sie als Zeichen auf. ... Sie legten an dein Heiligtum Feuer, entweihten die Wohnung deines Namens bis auf den Grund. Sie sagten in ihrem Herzen: Wir schlagen alles zusammen! Sie verbrannten alle Stätten der Gegenwart Gottes im Land.(Ps 74,3f. 7f.)

Die Menschen verstehen das Erlebte nicht und stellen daher die Frage an Gott:

Wie lange, Gott, darf der Bedränger noch schmähen, darf der Feind für immer deinen Namen lästern? Warum ziehst du deine Hand zurück und deine Rechte? (Ps 74,10f)

Der Psalm 74 endet mit einer klaren Handlungsanweisung an Gott. Er sollte nicht vergessen, was die Feinde seinem Heiligtum und seinem Namen angetan hatten. Gott sollte handeln und Rache nehmen:

Steh auf, Gott, führe deinen Streit! Gedenke, wie die Toren dich den ganzen Tag verhöhnen! Vergiss nicht das Geschrei deiner Gegner, das Toben deiner Widersacher, das ständig emporsteigt. (Ps 74,22f)

Auch in Psalm 79 wird Gott aufgezählt, was die Feinde Gottes Heiligtum und seinem Volk Israel angetan haben:

O Gott, Völker sind eingedrungen in dein Erbe, sie haben deinen heiligen Tempel entweiht, sie legten Jerusalem in Trümmer. Die Leichen deiner Knechte haben sie zum Fraß gegeben den Vögeln des Himmels, das Fleisch deiner Frommen den Tieren der Erde. Ihr Blut haben sie wie Wasser vergossen rings um Jerusalem und niemand hat sie begraben. (Ps 79,1-3)

In Vers 8 wird Schuld genannt, jedoch die „Schuld der Vorfahren", die Gott ihnen nicht anrechnen soll. Sie, die Überlebenden, sahen sich als Unschuldige. Auch Psalm 79 endet mit eine Handlungsanweisung an Gott:

Siebenfach vergilt unsern Nachbarn den Hohn, mit dem sie dich, mein Herr, verhöhnen! Wir aber, dein Volk und die Herde deiner Weide, wir wollen dir danken auf ewig, von Geschlecht zu Geschlecht dein Lob verkünden. (Ps 79,12f)

Die Psalmen 80 und 83 sind ähnlich aufgebaut, jedoch ohne jeden Bezug zu Schuld und Sünde. Der Psalm 85 spricht von vergebenen Schuld, die Gott zugedeckt hat.

Fazit

Es ist auffallend, dass bei den Klagepsalmen des Volkes nur in Psalm 79 die Schuld der Vorfahren und in Psalm 85 die vergebene Schuld genannt ist. Ansonsten ist Schuld oder Sünde in den Klagepsalmen des Volkes kein Thema.

Gleichsam auffallend ist, dass in den Klagepsalmen des Volkes Gott die Situation beschrieben wurde, die er doch als Allwissender (Ijob 37,16; Bar 3,32) und dazu noch als Betroffener (seine Wohnstätte wurde zerstört, sein Name wurde verhöhnt) eigentlich schon längst wissen sollte. Dennoch wurde es Gott vorgetragen. Gott wurde sozusagen mit der Nase darauf gestoßen, sodass er es nicht mehr länger ignorieren kann.

1.4.4 Klagefrauen

Neben den Klagepsalmen und den Klageliedern gibt es noch die Klagefrauen, die wir meist nur aus den Nachrichten aus arabischen Ländern kennen.

Klagefrauen besitzen einen tiefen therapeutischen Sinn. Dieser wird bei den Worten des Propheten Jesaja sichtbar:

> So spricht der HERR der Heerscharen: Begreift es! Ruft die Klagefrauen und sie sollen kommen! Schickt nach den weisen Frauen und sie sollen kommen! Schnell sollen sie kommen und Klage über uns anstimmen, sodass unsre Augen von Tränen fließen und unsre Wimpern von Wasser triefen. (Jer 9,16f)

Einige Trauernde tun sich mit ihrer Trauer schwer. Sie finden alleine keinen rechten Zugang zu ihrer Trauer. Wenn jedoch Klagefrauen kommen, findet man selbst leichter einen Zugang zur eigenen Trauer und kann aktiv trauern. Damit wird Trauer nicht still in sich hineingefressen, sondern es wird zusammen mit den Klagefrauen aktiv Trauerarbeit geleistet.

> Als er in die Nähe des Stadttors kam, siehe, da trug man einen Toten heraus. Es war der einzige Sohn seiner Mutter, einer Witwe. Und viele Leute aus der Stadt begleiteten sie. (Lk 7,12)

Auch wenn die vielen Leute nicht näher beschrieben wurden, so darf davon ausgegangen werden, dass sich darunter auch Klagefrauen befanden. Auch dieser Vers zeigt deutlich, dass ein Begräbnis keine rein familiäre Angelegenheit ist. Der Verstorbene fehlt seinem ganzen sozialen Umfeld.

1.4.5 Jakobs Ringen mit Gott

Eine allgemein bekannte Geschichte ist das Ringen Jakobs mit Gott am Fluss Jabbok. Im Zusammenhang mit Leid ist es eine sehr bedeutsame Geschichte:

> In derselben Nacht stand er auf, nahm seine beiden Frauen, seine beiden Mägde sowie seine elf Kinder und durchschritt die Furt des Jabbok. Er nahm sie und ließ sie den Fluss überqueren. Dann schaffte er alles hinüber, was ihm sonst noch gehörte. Als er allein zurückgeblieben war, rang mit ihm ein Mann, bis die Morgenröte aufstieg. Als der Mann sah, dass er ihn nicht besiegen konnte, berührte er sein Hüftgelenk. Jakobs Hüftgelenk renkte sich aus, als er mit ihm rang. Er sagte: Lass mich los; denn die Morgenröte ist aufgestiegen. Er entgegnete: Ich lasse dich nicht los, wenn du mich nicht segnest. Er fragte ihn: Wie ist dein Name? Jakob, antwortete er. Er sagte: Nicht mehr Jakob wird man dich nennen, sondern Israel - Gottesstreiter - ; denn mit Gott und Menschen hast du gestritten und gesiegt. Nun fragte Jakob: Nenne mir doch deinen Namen! Er entgegnete:

Was fragst du mich nach meinem Namen? Dann segnete er ihn dort. Jakob gab dem Ort den Namen Peniël - Gottes Angesicht - und sagte: Ich habe Gott von Angesicht zu Angesicht gesehen und bin doch mit dem Leben davongekommen. (Gen 32,23-31)

Jakob wurde Gott gegenüber handgreiflich! Er betete oder schriet nicht nur zu Gott, er rang körperlich mit Gott. Er wurde gegen Gott körperlich tätig. Dies ist in der Bibel von keinem anderen Menschen berichtet.

Nun könnte man meinen, dass Jakob für diesen Frevel – so sehen dies viele Menschen – bestraft werden müsste. Weit gefehlt! Gott ließ dieses Ringen mit ihm nicht nur zu, er segnete Jakob am Ende. Er gab ihm schließlich noch einen neuen Namen: Israel – Gotteskämpfer. Damit zeichnete Gott Jakob für dieses Ringen sogar positiv aus.

Daher sollten auch Leidende der Gegenwart kein schlechtes Gewissen haben, wenn auch sie ernsthaft mit Gott ringen. Sie dürfen darauf vertrauen, dass auch sie letztendlich gesegnet werden.

1.5 Die Zeit des Trauerns

Trauer verläuft nicht geradlinig, sondern meist in sich wiederholenden Kreisen. Bei schwerem Leid kennt man den „Flashback", das blitzartige Zurückholen der Erinnerung an das tragische Ereignis. Diese „Flashbacks" können nicht nur nach Jahren, sondern auch noch nach Jahrzehnten erfolgen.

Trauer verläuft auch nicht nach einem allgemeinen Schema, sondern sehr individuell. Es lässt sich sogar sagen, dass der Verlauf der Trauer so unterschiedlich ist wie unsere Fingerabdrücke. Dies zeigt sich sehr deutlich an verwaisten Eltern. Sie trauern um ein gemeinsames Kind, doch diese Trauer wird oft sehr unterschiedlich erlebt, was zu schweren Beziehungskrisen führen kann.

Was Trauernde brauchen, lässt sich nicht verallgemeinernd sagen. Die Haltung Jesu, was willst du, dass ich dir tue? (Mk 10,51), ist eine gute Grundhaltung, bei der man jedoch darauf zu achten hat, dass man nicht vereinnahmt wird.

Aus diesen Gründen wird hier ganz bewusst von der „Zeit des Trauerns" gesprochen. Diese kann sehr kurz sein, aber auch sehr lange. Bezeichnend hierzu ist der Trauerkatalog, den Königin Viktoria von England (1818-1901) im Todesjahr ihres Mannes (1861) für ihr Imperium erlassen hatte. Darin sah sie für einen Ehepartner 2-3 Jahre Trauerzeit vor. Sie selbst trauerte jedoch bis zu ihrem Tode um ihren verstorbenen Mann, 40 Jahre lang.

Dieses Beispiel soll verdeutlichen, dass es leicht ist, anderen Menschen Vorschriften zu machen, es selbst jedoch zu leben, ist oft etwas ganz anderes. Manche Witwen oder Witwer haben nach dem Tod ihres Partners bzw. ihrer Partnerin binnen 6 Monaten einen neuen Partner bzw. neue Partnerin, andere haben nie wieder einen Partner bzw. eine Partnerin. Daher sollte man damit sehr behutsam sein, wie andere zu trauern haben.

Wenn das Leid noch „frisch" ist, sind die Leidenden nur zum Trauern fähig oder wollen nur trauern. Wie lange für die Leidenden „frisch" ist, urteilt jeder von ihnen selbst. Die Dauer der „Frische" ist sehr individuell. Wichtig ist, dass man der Trauer Raum und Zeit gibt.

> Um einen geliebten Menschen
> hat man 1.000 Tränen zu weinen,
> egal wie lange man dafür braucht.

Dieser Spruch des Volksmunds zeigt bildhaft auf, dass die „Frische" der Trauer unterschiedlich lange dauern kann.

1.5.1 Alles hat seine Zeit

Alles hat seine Stunde. Für jedes Geschehen unter dem Himmel gibt es eine bestimmte Zeit: eine Zeit zum Gebären und eine Zeit zum Sterben, eine Zeit zum Pflanzen und eine Zeit zum Ausreißen der Pflanzen, eine Zeit zum Töten und eine Zeit zum Heilen, eine Zeit zum Niederreißen und eine Zeit zum Bauen, eine Zeit zum Weinen und eine Zeit zum Lachen, eine Zeit für die Klage und eine Zeit für den Tanz; eine Zeit zum Steinewerfen und eine Zeit zum Steinesammeln, eine Zeit zum Umarmen und eine Zeit, die Umarmung zu lösen, eine Zeit zum Suchen und eine Zeit zum Verlieren, eine Zeit zum Behalten/ und eine Zeit zum Wegwerfen, eine Zeit zum Zerreißen/ und eine Zeit zum Zusammennähen, eine Zeit zum Schweigen und eine Zeit zum Reden, eine Zeit zum Lieben und eine Zeit zum Hassen, eine Zeit für den Krieg und eine Zeit für den Frieden. (Koh 3,1-8)

Viele Begleiter kennen diese Worte, aber nur wenige sehen sie auch im Zusammenhang mit dem Trauern und dem Weinen. Wer nach drei oder mehr Jahren noch immer um seinen verstorbenen oder getrennt lebenden Ehepartner oder anderen geliebten Menschen trauert, um seine aufgekündigte Wohnung oder Arbeitsstelle, um ... trauert, dem wird krankhaftes Verhalten unterstellt, von dem er sich heilen lassen soll. Dann werden Trauernde durch ihre Trauer gehetzt, ohne zu fragen, ob sie das wollen.

In unserer Berufswelt muss man funktionieren. Wer nicht funktioniert, wird krankgeschrieben oder gar entlassen.

Ausnahmen zeigen jedoch, dass es auch anders geht, auch am Arbeitsplatz. Nüchtern überlegt stellt sich die Frage, warum sich der Trauernde krankschreiben lassen soll. Somit hat man für diese Zeit 100% Arbeitsausfall. Lässt man ihn jedoch arbeiten, wenn er auch nur 80 oder 60% Leistung bringen kann, so hat man nicht nur diese Arbeitsleistung, sondern stärkt auch den Teamgeist. Der Trauernde fühlt sich dann nicht als momentan unbrauchbar aussortiert, sondern er fühlt sich in diesem Team mitgetragen. Daneben kann auch bei einzelnen Mitarbeitern eher die Dankbarkeit aufkommen, dass man nicht selbst trauern muss. Lieber trägt man diesen arbeitsschwachen Mitarbeiter durch die Zeit seiner Trauer.

Oft ist es nicht das Funktionieren für die Arbeitswelt, wegen dem Trauernde aus dem Arbeitsprozess aussortieren lässt. Es ist meist die Unfähigkeit der Arbeitskollegen, gut mit dem Trauernden umzugehen. Hierzu sei auf das Buch „Trösten – aber wie?" verwiesen.

Es sollte sichergestellt sein, dass jeder Trauernde für sich selbst die Trauerzeit bestimmt, so wie es Königin Victoria getan hatte, oder auch wie König David, der nach dem Tod seines Sohnes aufstand und wieder am Leben teilnahm.

Der Trauernde setzt in der Begleitung alle Maße:
Geschwindigkeit, Richtung und Zeitdauer.

1.5.2 Der Schrei

Die Klage ist nicht nur immer stilles Gebet. Sie ist nicht nur geordnetes Gebet. Sie kann auch Schreien sein. In der Bibel gibt es etliche Zeugnisse, dass die Menschen zu Gott geschrien haben. Alleine im Buch Richter gibt es 6 Verse (Ri 3,9.15; 4,3; 6,6.7; 10,10) und in Psalm 107 gibt es 4 Verse (Ps 107,6.13.19.28), in denen die Menschen zu Gott geschrien haben.

Er hat in den Tagen seines irdischen Lebens mit lautem Schreien und unter Tränen Gebete und Bitten vor den gebracht. (Hebr 5,7)

Schreien ist bei großem körperlichen oder seelischem Schmerz eine natürliche Reaktion. Dies zu unterbinden, stellt ein weiteres Leid für den Leidenden dar.

Vergewaltigung steht unter Strafe.

Doch die meisten Vergewaltigungen
werden nicht geahndet,
denn es sind die Vergewaltigungen
unserer Gefühle.

Begleitern, denen es schwer fällt, das Schreien der Leidenden zuzulassen und auszuhalten, sollten sich bewusst machen, dass sie die Situation nur zu begleiten haben, dass sie sie nicht zu durchleben und zu durchleiden haben.

Frau M. wollte ihren ca. 50 Jahre alten Mann in der Klinik besuchen, der sich dort wegen Herzprobleme behandeln ließ. Er musste jedoch Stunden vor ihrem Besuch auf die Intensivstation verlegt werden, wo er wenige Minuten vor ihrem Besuch verstarb. Frau M. wusste von allem noch nichts. Sie wurde vom behandelnden Arzt der Intensivstation entsprechend aufgeklärt. Bei der Information, dass ihr Mann tot ist, schrie sie mit einem lauten „Nein!" auf, bevor sie in sich zusammensackte.

Der Schrei ist ein emotionales Ventil für größte Gefühlsregungen, für die man im Augenblick keinen anderen Umgang weiß. Nach dieser Erkenntnis sollte man in der Begleitung Schreien auch zulassen, auch wenn es einem höchst unangenehm ist.

Schreien braucht nicht gefördert, sondern nur einfach zugelassen und ausgehalten werden. Das zeigt diese Erfahrung aus der Krankenhausseelsorge.

In einer Klinik in Karlsruhe hing einige Jahre das Bild „Der Schrei" von Edvard Munch in dem Raum, in dem Tote verabschiedet wurden, wenn dies nicht in den Krankenzimmern erfolgen konnte. Das Bild sollte den Schmerz ausdrücken, den Trauernde jetzt erleben, doch die meisten Trauernden empfanden das Bild als störend. Sie wollten in ihrem Leid statt dessen lieber etwas Tröstliches, etwas Hoffnungsvolles. Zu ihrem eigenen Leid wollten sie nicht mit weiterem Leid konfrontiert werden. So wurde dieses Bild durch ein Poster mit dem Spruch „Und siehe, ich bin bei euch alle Tage bis an der Welt Ende." (Mt 28,20) ausgewechselt. Damit fühlten sich die Trauernden wohler.

Leidende haben meist ein Gespür dafür, was ihnen im Augenblick gut tut, auch wenn sie es nicht immer benennen können. Es bedarf daher von außen keiner Anweisung, dieses oder jenes zu tun. Statt dessen brauchen sie Freiräume, das zu leben, wonach ihnen im Augenblick ist, was ihnen jetzt gut tun würde. Dazu gehört auch die Möglichkeit, ihren körperlichen und/oder seelischen Schmerz einfach hinauszuschreien. Für den Begleiter ist es wichtig, diese Freiräume zu schaffen und zu gewähren. Damit handeln sie tröstlich.

1.5.3 Untröstlich

Wenn Menschen großes Leid trifft oder wenn das Leid sie plötzlich trifft, gibt es für die ersten Tage und Wochen keinen Trost. Dies zeigt sich sehr deutlich, als Jakob den blutverschmierten Rock seines Sohnes Josef überreicht bekam.

Als er ihn genau angesehen hatte, sagte er: Der Rock meines Sohnes! Ein wildes Tier hat ihn gefressen. Zerfetzt ist Josef, zerfetzt. Jakob zerriss seine Kleider, legte ein Trauergewand an und trauerte um seinen Sohn viele Tage. Alle seine Söhne und Töchter machten sich auf, um ihn zu trösten. Er aber ließ sich nicht trösten und sagte: Ich will voller Trauer zu meinem Sohn in die Unterwelt hinabsteigen. So beweinte ihn sein Vater. (Gen 37,33-35)

Wie dieses Beispiel zeigt, vermochte keiner seiner Söhne und keine seiner Töchter ihn zu trösten. Vorstellbar ist, dass sie es mit Worten versuchten wie: „Du hast ja noch uns" oder „Vielleicht wird dir noch ein weiterer Sohn geboren". Eltern, denen heute ein Kind stirbt, bekommen solche Sätze gesagt. Diese Menschen meinen es gut, aber sie trösten damit nicht. Im Gegenteil. Sie nehmen mit solchen Sätzen das Leid nicht ernst, sie versuchen, das Leid zu negieren. Um solchen Menschen zu verdeutlichen, wie ihre Worte wirken, sei dieses Beispiel genannt: Wenn jemandem der Daumen abgeschnitten wurde, sagen wir nicht: „Du hast ja noch die vier Finger." Selbstverständlich hat dieser Mensch noch seine vier Finger, aber ihm fehlt sein Daumen.

Daher ist es in der Begleitung wichtig, nicht auf das zu blicken, was dem Leiden noch geblieben ist, sondern darauf, was ihm genommen wurde. Trauer ist immer verbunden mit einem Verlust.

Einige Menschen wollen sich nicht trösten lassen. Die Gründe spielen hierbei eine untergeordnete Rolle. Meist müssen diese Menschen zunächst ihre Trauer tot-leben, so wie eine Welle sich am Strand tot-läuft. In der Begleitung kann man hierbei meist nur in die Klage einstimmen, bis der Leidende das Gefühl hat, jetzt genug geklagt zu haben.

In Rama ist Wehklage und bitteres Weinen zu hören. Rahel weint um ihre Kinder und will sich nicht trösten lassen wegen ihrer Kinder, denn sie sind nicht mehr. (Jer 31,15)

1.5.4 Weinen und Tränen

Weinen ist ein Ausdruck überstarker Emotionen, der meist mit Tränen einhergeht. Weinen kommt meist bei schmerzlichen Empfindungen vor wie Trauer, Angst, Ärger oder Schmerz, aber auch bei übergroßer Freude. Weinen zählt wie das Lachen zu den archetypischen menschlichen Ausdrucksformen, die wir nicht erlernen müssen, die jedoch abstumpfen können.

Zuweilen schämen sich Leidende, vor fremden Menschen Tränen zu vergießen. Einige entschuldigen sich deswegen. Denen sei gesagt:

Es gibt schon viel zu viel
gefühllose und gefühlsarme Menschen,
da müssen Sie nicht noch einer
von denen werden.

oder hiermit:

Gefühlsvolle Menschen sind wertvolle Menschen.

Die Bibel kennt zahlreiche Beispiele, bei denen die Trauernden geweint und Tränen vergossen haben.

Debora, die Amme Rebekkas, starb. Man begrub sie unterhalb von Bet-El unter der Eiche. Er gab ihr den Namen Träneneiche. (Gen 35,8)

Ich bin erschöpft vom Seufzen, jede Nacht benetze ich weinend mein Bett, ich überschwemme mein Lager mit Tränen. (Ps 6,7)

Meine Tränen sind mir Brot geworden bei Tag und bei Nacht. (Ps 42,4)

Meine Augen fließen über von Tränen bei Nacht und bei Tag und finden keine Ruhe. (Jer 14,17)

Hanna war verzweifelt, betete zum HERRN und weinte sehr. (1.Sam 1,7)

Da brachen David und die Leute, die bei ihm waren, in lautes Weinen aus und sie weinten, bis sie keine Kraft mehr zum Weinen hatten. (1.Sam 30,4)

An den Strömen von Babel, da saßen wir und wir weinten, wenn wir Zions gedachten. (Ps 137,1)

Während Esra vor dem Haus Gottes auf den Knien lag und weinend sein Gebet und sein Bekenntnis sprach, sammelte sich um ihn eine sehr große Menge von Männern, Frauen und Kindern aus Israel. Denn großes Weinen hatte das Volk ergriffen. (Esra 10,1)

Auch ein Mann kann weinen: Petrus, der noch kurz davor Jesus die Treue geschworen hatte, weinte nach seinem dreimaligen Verrat bitterlich.

Und er ging hinaus und weinte bitterlich. (Lk 22,62)

Trost darf nicht zur Vertröstung werden. So schön diese nachfolgenden Worte sind, sie können nicht übergestülpt werden, sondern nur angeboten. Ob sie für den Leidenden zum Trost werden, kommt ganz auf ihn und seine Lebenssituation an.

Die mit Tränen säen, werden mit Jubel ernten. (Ps 126,5)

Denn das Lamm in der Mitte vor dem Thron wird sie weiden und zu den Quellen führen, aus denen das Wasser des Lebens strömt, und Gott wird alle Tränen von ihren Augen abwischen. (Offb 7,17)

Er wird alle Tränen von ihren Augen abwischen: Der Tod wird nicht mehr sein, keine Trauer, keine Klage, keine Mühsal. (Offb 21,4)

Begleiter sollten in der Lage sein, weinende Menschen auszuhalten. Es sollte hierbei nie ein „Jetzt ist aber genug geweint" oder ein „Das reicht jetzt" oder gar ein „Hören Sie damit auf!" gesagt werden. Statt dessen soll Verständnis für die Tränen gezeigt werden, etwa so:

Die Trauer ist der Preis der Liebe.
Je größer die Liebe, desto größer die Trauer.

oder damit:

Mit jeder Träne
wird ein Stück Trauer abgewaschen.

Damit wird Verständnis gezeigt. Gleichzeitig wird dem Leidenden erlaubt, seinen Tränen freien Lauf zu lassen. Alleine dies kann dazu führen, dass der Leidende mit dem Weinen aufhört. Er weiß, er darf mit dem Weinen aufhören, aber jederzeit wieder weitermachen.

Bei lang anhaltenden Weinkrämpfen sollte der Begleiter nicht ungeduldig werden. Statt dessen sollte er den Leidenden dazu ermutigen, sich einmal auszuweinen. Diese Einladung kann er in das Bild eines Stausees packen:

> Öffnen Sie ruhig alle Schleusen Ihrer Tränen
> und lassen Sie den Stausee Ihrer Tränen
> leer laufen.

Dieses Bild vom „Stausee der Tränen" kann den Leidenden eine Hilfe sein, seine Trauer zu steuern: Es gibt Situationen, in denen ist Weinen unpraktisch (z.B. bei der Arbeit), aber es gibt Situationen, in denen ist Weinen ungehindert möglich (z.B. zu Hause).

1.5.5 Gottesferne

Leidende fühlen sich oft von Gott verlassen. Besonders Menschen, die sich bemüht haben, ein gottgefälliges Leben zu führen, die altruistisch gelebt haben, und die jetzt Leid trifft, fühlen sich oft von Gott verlassen. Besonders in den Psalmen kommt dies deutlich zum Ausdruck, nicht nur im o.g. Psalm 22, der mit den Worten beginnt, „Mein Gott, mein Gott, warum hast du mich verlassen?", sondern auch in anderen Psalmen, wie diesen:

HERR, warum bleibst du so fern, verbirgst dich in Zeiten der Not? (Ps 10,1)

Du hast es gesehen, HERR. So schweig doch nicht! HERR, bleib mir nicht fern! (Ps 35,22)

Verlass mich nicht, HERR, mein Gott, bleib mir nicht fern! (Ps 38,22)

Begleiter sollten daher die Leidenden nicht auf die immerwährende Anwesenheit Gottes verweisen oder gar sie dazu verpflichten, daran zu glauben. Begleiter sollten für die Leidenden vielmehr Verständnis und Gefühl aufbringen, etwa mit diesen Worten:

> In solchen Situationen kann man sich fragen,
> wo ist hier Gott.

oder auch:

> Dieses Gefühl der Gottverlassenheit
> kennen auch biblische Menschen.
> Doch gleichgültig, wie stark dieses Gefühl ist,
> Gott ist da, auch in Ihrem Leid.

Wichtig ist dabei, dass der Begleiter die Leidenden in ihren Gefühlen belässt und die Gegenwart Gottes nur als Glaubenszeugnis daneben stellt. Dieses Glaubenszeugnis ist wie ein Geländer an einer vereisten Treppe, nach dem die Leidenden greifen können. Das Gefühl der Gottverlassenheit kann noch immer in unverminderter Stärke vorhanden sein, aber der Leidende kann sich sagen, dass dies sein Empfinden ist, die Glaubensrealität jedoch anders aussieht.

Dann kann sich ein Empfinden einstellen, das wir von optischen Täuschungen her kennen: Wir wissen genau, dass die beiden geraden Striche gleich lang sind, aber unser Eindruck sagt uns, dass der obere Strich kürzer sei.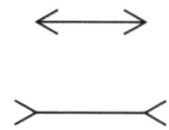

Ähnlich ist es mit Leidenden. Sie fühlen sich von Gott verlassen. Dieses Gefühl kann ihnen nicht genommen werden. Man kann jedoch den Glauben an die Gegenwart Gottes auch im Leid daneben stellen. Damit haben sie nicht nur das Gefühl der Gottverlassenheit, sondern auch das Glaubenszeugnis, dass Gott sie nicht verlassen hat. Ob sie das so annehmen können, ist jedoch nicht garantiert.

Keinesfalls darf der Glaube, dass Gott sie auch durch dieses Leid hindurch begleitet, den Leidenden übergestülpt werden. Es darf nur als Glaubenszeugnis danebengestellt werden.

1.5.6 Gottes Gegenwart

Menschen im Leid fühlen sich oft von Gott verlassen. Viele von ihnen sehnen sich danach, Gottes Gegenwart zu spüren oder zumindest darum zu wissen, dass Gott da ist, auch wenn sie ihn nicht spüren. Hierzu gibt es Bibelverse, die genau dies zusagen, neben dem o.g. Psalm 23 auch diese Bibelstellen:

Ich bin mit dir, ich behüte dich, wohin du auch gehst, und bringe dich zurück in dieses Land. Denn ich verlasse dich nicht, bis ich vollbringe, was ich dir versprochen habe. (Gen 28,15)

Bei allem Gefühl der Gottverlassenheit, das viele Leidende haben, ist es tröstlich zu wissen, dass es nur das Gefühl ist, dass die Realität eine andere ist. Gott ist uns auch im Leid nahe, auch wenn wir ihn nicht spüren.

Und Gott sprach: Das ist das Zeichen des Bundes, den ich stifte zwischen mir und euch und den lebendigen Wesen bei euch für alle kommenden Generationen: Meinen Bogen setze ich in die Wolken; er soll das Zeichen des Bundes werden zwischen mir und der Erde. (Gen 9,13f)

Der Regenbogen ist ein farbenprächtiges Zeichen des Bundes Gottes mit uns Menschen. Dies wird leider oft vergessen. Zuweilen wird der Regenbogen als Logo verwendet, gerade im Zusammenhang mit Trauer. Nur wenige wissen um den Symbolcharakter des Regenbogens.

Um diesen Symbolcharakter des Regenbogens in Erinnerung zu rufen, ließ ich eigens eine Regenbogen-Stola anfertigen. Dabei war es mir wichtig, dass sie nicht nur die Farben hat, sondern dass sie die Farben in der richtigen Reihenfolge hat: Rot, Orange, Gelb, Grün, Blau und Violett. Und es war mir wichtig, dass Rot außen und Violett innen (d.h. dem Körper zugewandt) war, ganz so wie beim natürlichen Regenbogen. Diese Stola ist somit ein echtes Abbild des Regenbogens. Dabei verweise ich auf den Bund Gottes mit den Menschen.

Für einige Leidende bringe ich alleine durch diese Farben der Regenbogenstola wieder ein Stück Leben in ihren grauen Alltag. Sie werden damit daran erinnert, dass das Leben nicht nur in Grau verläuft, sondern daneben auch bunt ist. Einige Leidende schöpfen daraus Hoffnung für ihr eigenes Leben.

Seid gewiß: Ich bin bei euch alle Tage bis zum Ende der Welt. (Mt 28,20)

Diese Zusage Jesu darf als eine der tröstlichsten überhaupt angesehen werden. Gott ist mit uns, auch in den tiefsten Finsternissen, im größten Unheil und im größten Unrecht. Es gibt keinen Ort, an dem uns Gott fern ist, und keine Zeit, zu der Gott nicht da ist. An allen Orten und zu jeder Zeit ist er uns nahe. Überall und immerzu können wir uns daher an ihn wenden. Gott ist da.

In diesem Zusammenhang kann auch auf die Worte von Anne Frank hingewiesen werden. Sie schrieb in ihrem Tagebuch:

Ich glaube an die Sonne, auch wenn ich sie nicht sehe.
Ich glaube an die Liebe, auch wenn ich sie nicht fühle.
Ich glaube an Gott, auch wenn er schweigt.

Diese Worte standen auch an einer Häuserwand im Warschauer Ghetto, was zeigt, dass diese Worte jüdisches Gedankengut waren.

1.5.7 Verbundenheit mit Gott

Das Gefühl der Gottverlassenheit ist ein Gefühl. Gegen das Aufkommen von Gefühlen kann man nichts unternehmen. Diese Gefühle sind einfach da. Man kann Gefühlen jedoch Glaube und Erkenntnis daneben stellen. Die Bibel kennt Glaubenserfahrungen, die deutlich eine Gottverbundenheit ausdrücken. So schrieb der Prophet Deuterojesaja nach der Zerstörung Jerusalems und des Tempels in der Babylonischen Gefangenschaft:

Jetzt aber - so spricht der HERR, der dich erschaffen hat, Jakob, und der dich geformt hat, Israel: Fürchte dich nicht, denn ich habe dich ausgelöst, ich habe dich beim Namen gerufen, du gehörst mir! Wenn du durchs Wasser schreitest, bin ich bei dir, wenn durch Ströme, dann reißen sie dich nicht fort. Wenn du durchs Feuer gehst, wirst du nicht versengt, keine Flamme wird dich verbrennen. Denn ich, der HERR, bin dein Gott, ich, der Heilige Israels, bin dein Retter. (Jes 43,1-3)

Er machte dem Volk Israel klar, dass Gott zu jeder Zeit und an allen Orten mit ihnen ist. Es kann nicht aus der Gegenwart Gottes herausfallen. Er geht immer mit ihnen.

Fürchte dich nicht, denn ich bin mit dir! Vom Aufgang der Sonne bringe ich deine Kinder herbei und vom Untergang her sammle ich dich. (Jes 43,5)

Paulus stellte die Frage, was uns von der Liebe Christi trennen kann. Er schrieb als Antwort:

Was kann uns scheiden von der Liebe Christi? Bedrängnis oder Not oder Verfolgung, Hunger oder Kälte, Gefahr oder Schwert? ... Denn ich bin gewiss: Weder Tod noch Leben, weder Engel noch Mächte, weder Gegenwärtiges noch Zukünftiges noch Gewalten, weder Höhe oder Tiefe noch irgendeine andere Kreatur können uns scheiden von der Liebe Gottes, die in Christus Jesus ist, unserem Herrn. (Röm 8,35. 38f)

Damit hat Paulus ein deutliches Zeugnis abgelegt, dass uns nichts von der Liebe Gottes scheiden kann. Es sind nur unsere Gefühle, die im Leid daran zweifeln lassen. Doch der Glaube zeigt deutlich auf, dass uns nichts von Gott trennen kann.

1.5.8 Urlaub von Gott

Wenn die Menschen sehr von Gott enttäuscht oder verletzt sind, kann es sein, dass sie auf Gott wütend werden, dass sie nichts mehr mit ihm zu tun haben wollen. Sie wollen bzw. können nicht mehr beten. Sie wollen mit diesem Gott, der ihnen dieses Leid zugemutet oder gar angetan hat (so ihre Sichtweise), bis auf weiteres nichts mehr zu tun haben.

Den einen Leidenden geht es bei dem Gedanken gut. Andere Leidende haben dabei ein schlechtes Gewissen, weil sie ihre täglichen Gebete nicht mehr verrichten, weil sie sonntags nicht mehr zum Gottesdienst gehen und weil sie auch sonst kein religiöses bzw. spirituelles Leben führen. Diesen Menschen kann „Urlaub von Gott" angeboten werden. Dabei können sie auf diesen Bibelvers verwiesen werden:

Bin ich nur ein Gott aus der Nähe - Spruch des HERRN - und nicht auch ein Gott aus der Ferne? (Jer 23,23)

Es kann auch auf das Gleichnis vom verlorenen Sohn – besser: Gleichnis vom barmherzigen Vater – (Lk 15,11-32) verwiesen werden.

> Wenn es Ihnen in Ihrem Leid gut tut,
> dann nehmen Sie für unbestimmte Zeit
> Urlaub von Gott.

Gott nimmt es uns nicht übel, wenn wir Urlaub von Gott nehmen, wenn wir eine „Auszeit vom Glauben" nehmen. Gott weiß, dass wir Menschen schlechter ohne ihn leben, als er ohne die Beziehung zu uns Menschen. Daher darf auch Leidenden Urlaub von Gott angeboten werden.

Alleine die Möglichkeit oder die Freiheit, Urlaub von Gott zu nehmen, nimmt das schlechte Gewissen. Zudem entlastet es Leidende, wenn sie bei Leid nicht auch noch ein religiöses Leben zu führen müssen. Alleine dies wirkt entlastend und damit tröstend.

Die Loslösung von der Verpflichtung, auch im Leid ein religiöses Leben zu führen, entbindet Leidende von einer knechtenden Verpflichtung Sie dürfen eine Beziehung zu Gott haben, sie müssen nicht. Auf diesem Hintergrund kann die Erlaubnis zum Urlaub von Gott auch zur religiösen Reifung der Menschen beitragen.

Erhaltene Rückmeldungen zeigen, dass nur wenige Leidende die Beziehung zu Gott (vorübergehend) wirklich abgebrochen haben. Viele Leidende haben die Urlaubszeit von Gott genossen, sind jedoch gerne wieder zu Gott zurückgegangen. Sie haben sich irgendwann gesagt, dass sie jetzt genug Urlaub von Gott hatten. Sie wollten dann wieder zu einer gelebten Gottesbeziehung zurückkehren.

1.5.9 Falsche Gottesbilder

> Leid ist der Prüfstein,
> an dem falsche Gottesbilder zerschellen.

„Ich kann seither nicht mehr an Gott glauben", ist eine Formulierung, die zuweilen von Leidenden zu hören ist. Wenn man mit diesen Menschen näher ins Gespräch kommt, zeigt sich meist, dass sie ein sehr idealisiertes Gottesbild haben, oft in Verbindung des Tun-Ergehen-Zusammenhangs: „Tue Gutes, dann wird dir Gott Gutes zukommen lassen. Wenn du jedoch Böses tust, wird dich Gott dafür strafen"

Menschen mit diesem Gottesbild fragen häufig im Leid: „Wofür straft mich Gott denn so?" oder „Womit habe ich das verdient?" Damit kommt wieder die Theodizee-Frage auf, wie kann es einen gerechten und liebenden Gott angesichts des Leids geben?

Damit ist das Leid der Prüfstein, an dem unsere falschen Gottesbilder zerschellen. Es sind nicht die Bildnisse, die wir mit unseren Händen schaffen, sondern unsere Vorstellungen von Gott, an die wir glauben. Alleine das AT kennt über 50

Vorstellungen von Gott, so z.B. Gott als Schöpfer von Himmel und Erde (Gen 1f), als Bräutigam (Jes 62,5), als Vertragspartner (Gen 9,13), als guter Hirte (Ps 23), als Vater (Mt 6,9) und als Mutter (Jes 49,15).

> Meine Gedanken sind nicht eure Gedanken und eure Wege sind nicht meine Wege - Spruch des HERRN. (Jes 55,8)

Wie wenig unsere Vorstellungen von Gott mit der Realität Gottes deckungsgleich sind, zeigt sich deutlich am Leben Jesu:

- Geburt Jesu
  Die Juden erwarteten den Messias als Königssohn, geboren in einem Palast in Jerusalem (Mt 2,1f). Statt dessen wurde er in Betlehem in einem Stall geboren (Lk 2,7).

- Versuchung Jesu
  Wenn du Gottes Sohn bist, dann lass aus den Steinen Brot werden (Mt 4,3), dann stürze dich hinab (Mt 4,6). Jesus wies alle diese Versuchungen zurück.

- Berg der Verklärung
  Petrus wollte auf dem Berg der Verklärung für Mose, Elija und Jesus je eine Hütte (Denkmal?) bauen (Mk 9,5). Jesus wollte davon nichts wissen.

- König der Juden
  Jesus, der König der Juden (Mt 27,11; Mk15,2; Lk 23,3; Joh 18,33). Doch das Königtum Jesu ist nicht von dieser Welt (Joh 18,36).

- Jesus am Kreuz
  Jesus sollte vom Kreuz herabsteigen, damit die Menschen an ihn glauben (Mt 27,42). Jesus starb am Kreuz.

- Jesus sollte tot bleiben
  Damit sich nicht die Botschaft von der Auferstehung Jesu verbreitet, sollte das Grab bewacht werden (Mt 27,64-66). Als Jesus auferstand, waren die Wächter wie tot (Mt 28,4). Sie, die die Nachricht Auferstehung von den Toten und das Leben nach dem Tod verhindern sollten, waren selbst wie tot.

Besonders an die Versuchungen Jesu anknüpfend ist zuweilen unser Glaube: „Wenn es Gott gibt, dann ..." Diese Argumentation ist nicht nur von Leidenden zu hören, sondern auch von Zweiflern und von Atheisten.

Einige Leidende werfen ihren Glauben über Bord. Sie können nicht mehr glauben. Dabei müssten sie korrekter Weise sagen: „Ich glaube nicht mehr an das Gottesbild, das ich bisher hatte. Angesichts meines Leids hat dieses Gottesbild keinen Bestand mehr. Ich muss mir ein anderes Gottesbild suchen, eines, das auch angesichts meines Leids bestehen kann."

Die Bibel bietet uns einige Gottesbilder, die das Leid mit aufnehmen. Hierzu eine kleine Auswahl:

Der ferne Gott

Leidende fühlen Gott oft ferne:

Gott, bleib doch nicht fern von mir! Mein Gott, eile mir zu Hilfe! (Ps 71,12)

Der unverstandene Gott

Wir Menschen wollen Gott und sein Handeln, aber auch sein Nicht-Handeln verstehen. Oft vermögen wir dies nicht, besonders im Leid:

Und Saul sprach zum HERRN: Gott Israels, warum hast du deinem Knecht heute nicht geantwortet? (1.Sam 14,41)

Ich sage zu Gott, meinem Fels: Warum hast du mich vergessen? (Ps 42,10)

Ist der HERR mit uns, warum ist uns dann das alles widerfahren? (Ri 6,13)

Der verborgene Gott

Für Leidende ist Gottes Handeln oder Gott selbst verborgen. Sie sehen, spüren und erleben weder ihn noch seine Taten.

Wahrhaftig, du bist ein verborgener Gott, Israels Gott, der rettet. (Jes 45,15)

Doch der HERR hat mir den Grund verborgen und mir nicht mitgeteilt. (2.Kön 4,27)

Denn wunderbar sind die Taten des Herrn und verborgen seine Taten den Menschen. (Sir 11,4)

Mit solchen Gottesbildern könnten die Leidenden während ihres Leides ihren Glauben bewahren und weiterhin eine lebendige Beziehung zu Gott pflegen. Glaube muss nicht wegen Leid aufgegeben werden, wohl aber falsche Gottesbilder.

1.5.10 Sehnsucht nach Sicherheit

Erfahrenes Leid zerstört oft das Gefühl der Sicherheit und des Vertrauens. So steht für Eltern, denen ihr Kind gestorben ist, nicht nur die Weltordnung auf dem Kopf, dass zunächst die Alten sterben und dann die Jungen nachrücken, vielen von ihnen ging durch den Tod ihres Kindes jegliches Sicherheitsgefühl verloren. Sie halten nun alles Leid für möglich.

Nicht in der Phase des akuten Leids, sondern wenn diese Leidenden wieder ins normale Leben zurückkehren wollen, haben eine große Sehnsucht nach Sicherheit. Nur auf Sicherheiten lässt sich das eigene Leben und der persönliche Glauben wieder aufbauen. Auch hierfür bietet die Bibel entsprechende Verse:

Das Land wird seine Frucht geben, ihr werdet euch satt essen und in Sicherheit darin wohnen. (Lev 25,,19)

Wie köstlich ist deine Liebe, Gott! Menschen bergen sich im Schatten deiner Flügel. (Ps 36,8)

Sei mir gnädig, Gott, sei mir gnädig, denn ich habe mich bei dir geborgen, im Schatten deiner Flügel will ich mich bergen, bis das Unheil vorübergeht. (Ps 57,2)

Die Kinder deiner Knechte werden in Sicherheit wohnen. (Ps 102,29)

Dann werden die Schwächsten der Schwachen Weide finden und die Armen in Sicherheit lagern. (Jes 14,30)

1.5.11 Ansehen

Wenn wir Menschen uns ansehen, so wenden wir uns einander zu. So ist es auch mit Gott, der sich uns zuwendet. Die Bibel verwendet dabei das Substantiv „Angesicht", denn wenn wir das Angesicht des Gegenübers sehen, hat sich dieser uns zugewandt. Bekannt ist in diesem Zusammenhang der Priestersegen, den Aaron und seine Söhne für das Volk Israel erbeten haben:

Der HERR segne dich und behüte dich. Der HERR lasse sein Angesicht über dich leuchten und sei dir gnädig. Der HERR wende sein Angesicht dir zu und schenke dir Frieden. (Num 6,24-26)

Mit diesem aaronitischen Segen erbittet noch heute der Priester den Segen Gottes für das Volk. Gott möge sich den Menschen zuwenden, sie ansehen und ihnen damit auch Ansehen schenken.

Wie wichtig uns dieses Ansehen und Anblicken ist, erfahren wir, wenn uns ein Mensch mit Handschlag begrüßt und dabei eine andere Person ansieht. Bei solch einem Gruß erfahren wir keinen Blick und kein Ansehen.

Leidende meinen auch, Gott habe sich von ihnen abgewandt. Dies kennt auch der Psalmist. Selbst im Klagepsalm 22 betont er, dass Gott sich nicht vom Leidenden abgewendet hat.

Denn er hat nicht verachtet, nicht verabscheut des Elenden Elend. Er hat sein Angesicht nicht verborgen vor ihm; er hat gehört, als er zu ihm schrie. (Ps 22,25)

Diese Zuwendung Gottes haben nicht nur einzelne Leidende in Frage gestellt, sondern auch das ganze Volk Israel. Um diese Sorge zu zerstreuen, riefen Priester und Propheten immer wieder in Erinnerung, dass sich Gott nicht von uns Menschen abwendet, auch wenn wir dies zuweilen meinen.

Er wollte es nicht verderben und hatte es bis dahin nicht von seinem Angesicht verstoßen. (2.Kön 13,23)

Er wird sein Angesicht nicht von euch abwenden, wenn ihr zu ihm umkehrt. (2.Chr 30,9)

Im Volk Israel gab es die Grundhaltung, dass wir im Umgang mit unseren Mitmenschen so umgehen sollen, wie Gott an uns handelt. Dies fand seinen Niederschlag in der Vater-unser-Bitte: „Und vergib uns unsere Schuld, wie auch wir vergeben unseren Schuldigern."

Tobit ermahnte in diesem Sinne seinen Sohn Tobias, mit dem Ansehen in gleicher Weise zu verfahren, wie Gott an uns handelt:

Wende dein Angesicht von keinem Armen ab, dann wird sich Gottes Angesicht nicht von dir abwenden! (Tob 4,7)

Es ist nicht nur eine Wohltat und eine Wertschätzung, wenn wie angesehen werden und damit Ansehen erfahren. Es kann auch Trost und Ermutigung sein, wenn man weiß, dass Gott mit einem geht (siehe: Psalm 23). Mose war diese Zuwendung Gottes an ihn und an das Volk Israel sehr wichtig, nachdem das Volk während seiner Abwesenheit ein goldenes Kalb als Götzen geschaffen hatte. Sich der Gegenwart Gottes sicher, war Mose bereit, mit dem Volk weiterzuziehen:

Wenn dein Angesicht nicht mitginge, dann führe uns nicht von hier hinauf! (Ex 33,15)

So dürfen auch wir darauf vertrauen, dass Gott immer auf uns blickt, auch im Leid.

1.5.12 Gesegnet

Wenn die Sehnsucht nach Sicherheit zurückgekehrt ist, wollen einige Leidende von Gott her Gutes zugesprochen bekommen, d.h. von Gott her Gesegnete sein. Sie wollen damit langsam die Hoffnung aufbauen, dass alles wieder gut wird.

Ein Segen sollst du sein. Ich werde segnen, die dich segnen; wer dich verwünscht, den werde ich verfluchen. Durch dich sollen alle Sippen der Erde Segen erlangen. (Gen 12,2f)

Gesegnet bist du in der Stadt, gesegnet bist du auf dem Land. Gesegnet ist die Frucht deines Leibes, die Frucht deines Ackers und die Frucht deines Viehs, der Wurf deiner Rinder und der Zuwachs an Lämmern und Zicklein. Gesegnet ist dein Korb und dein Backtrog. Gesegnet bist du, wenn du heimkehrst, gesegnet bist du, wenn du ausziehst.

(Dtn 28,3-6)

Gesegnet der Mensch, der auf den HERRN vertraut und dessen Hoffnung der HERR ist. Er ist wie ein Baum, der am Wasser gepflanzt ist und zum Bach seine Wurzeln ausstreckt: Er hat nichts zu fürchten, wenn Hitze kommt; seine Blätter bleiben grün; auch in einem trockenen Jahr ist er ohne Sorge, er hört nicht auf, Frucht zu tragen. (Jer 17,7)

Gepriesen sei der Gott und Vater unseres Herrn Jesus Christus. Er hat uns mit allem Segen seines Geistes gesegnet durch unsere Gemeinschaft mit Christus im Himmel. (Eph 1,3)

Ich werde mit dir sein und dich segnen. (Gen 26,3)

Gesegnet zu sein, macht Mut und schafft Vertrauen. Beides brauchen Leidende gegen Ende ihrer Trauerzeit.

1.5.13 Fülle des Lebens

Viele Leidende sehnen sich gegen Ende ihres Unheils nach einer heilen Welt. Auch wenn für sie diese heile Welt noch nicht in Sicht ist, so kann das Wissen um solch eine heile Welt tröstlich sein. Allein die Annahme, dass es nicht nur Unheil gibt, sondern auch Heil, kann tröstlich sein.

Sie sollen dem HERRN danken für seine Huld, für seine Wundertaten an den Menschen, denn er hat gesättigt die lechzende Kehle und die hungernde Kehle hat er gefüllt mit Gutem. Sie, die saßen in Dunkel und Finsternis, gefangen in Elend und Eisen, da beugte er ihr Herz durch Mühsal, sie stürzten und es gab keinen Helfer. Sie schrien zum HERRN in ihrer Bedrängnis und er rettete sie aus ihren Nöten, er führte sie heraus aus Dunkel und Finsternis und ihre Fesseln zerriss er. Sie sollen dem HERRN danken für seine Huld, für seine Wundertaten an den Menschen, denn er hat zerbrochen die Tore aus Bronze und die Riegel aus Eisen hat er zerschlagen. (Ps 107, 8-10.12-16)

Du lässt mich den Weg des Lebens erkennen. Freude in Fülle vor deinem Angesicht, Wonnen in deiner Rechten für alle Zeit. (Ps 16,11)

Jesus begründete sein Kommen in unsere menschliche Welt sogar damit, dass wir ein Leben in Fülle haben sollen:

Ich bin gekommen, damit sie das Leben haben und es in Fülle haben. (Joh 10,10)

Auch angesichts des erlebten Leides muss das Leben nicht an Leidenden vorüberziehen. Auch sie dürfen ohne Vorbehalte am Leben teilnehmen, im wahrsten Sinne wieder aufleben und aufblühen. Sie dürfen sich wieder am Leben erfreuen und es in vollen Zügen genießen.

Der Aufruf zum Wochenfest lautet:

Du sollst vor dem HERRN, deinem Gott, fröhlich sein, du, dein Sohn und deine Tochter, dein Sklave und deine Sklavin, auch die Leviten, die in deinen Stadtbereichen Wohnrecht haben, und die Fremden, Waisen und Witwen, die in deiner Mitte leben. Du sollst fröhlich sein an der Stätte, die der HERR, dein Gott, erwählen wird, indem er dort seinen Namen wohnen lässt. (Dtn 16,11)

1.6 Trost im AT

1.6.1 Trost beim Propheten Jesaja

Der Prophet Jesaja wirkte zwischen 740 und 700 v.C. im damaligen Südreich Juda und verkündete in den Kapiteln 1-39 Jahwes Gericht. Er erlebte die Zerstörung des Nordreichs im Jahr 722 v.C. durch die Assyrer und die Flucht vieler Israeliten in das Südreich Juda. Die weiteren Kapitel stammen von unbekannten Verfassern. „Deuterojesaja" (der 2. Jesaja) schrieb die Kapitel 40-55, „Tritojesaja" (der 3. Jesaja) die Kapitel 56-66. Alle drei Abschnitte laufen in der Bibel unter der Bezeichnung „Jesaja".

Jesaja drohte den Menschen nicht nur Gottes Strafgericht an, sondern auch den darauf folgenden Trost.

> Er hat den Tod für immer verschlungen und GOTT, der Herr, wird die Tränen von jedem Gesicht abwischen und die Schande seines Volkes entfernt er von der ganzen Erde, denn der HERR hat gesprochen. (Jes 25,8)

Deuterojesaja wirkte zwischen 550 und 539 v.C. und damit in der 2. Hälfte des Babylonischen Exils (597-539 v.C.). Bereits sein 1. Vers legte sein Selbstverständnis als Tröster Israels offen:

> Tröstet, tröstet mein Volk, spricht euer Gott. (Jes 40,1)

Der Verfasser, der seinem Volk die Rückkehr in das Land Israel verkündet hat, scheint in Babylon im Exil gewesen zu sein. Die Israeliten sollten getröstet werden mit:

> Die vom HERRN Befreiten kehren zurück und kommen voll Jubel nach Zion. Ewige Freude ruht auf ihren Häuptern. Jubel und Freude stellen sich ein, Kummer und Seufzen entfliehen. Ich bin es, ja, ich, der euch tröstet. (Jes 51,12f)

Gott wird sein Volk durch die Rückkehr in das verheißene Land trösten. Statt Kummer und Seufzen wird Jubel und Freude einkehren.

Was noch die Alten wussten, das war der Krieg mit allen seinen Schrecken. Davon traumatisiert, erzählten sie es den Jungen:

> Beides hat dich getroffen - wer klagt um dich? - : Verheerung und Zerstörung, Hunger und Schwert. Wer tröstet dich? (Jes 51,19)

Obwohl das Wirken von Deuterojesaja eine Generation nach der Zerstörung des Tempels und dem Beginn des Babylonischen Exils lag, war dieses Trauma noch tief im Bewusstsein der Menschen. Es könnte sein, dass noch die letzten Zeitzeugen gelebt und von diesen Ereignissen erzählt hatten. Dies ist ein deutliches Beispiel dafür, dass erlebte Traumata meist lebenslängliche Leiden nach sich ziehen. Für Traumata gibt es keinen Trost. Man kann nur lernen, mit den Trauma irgendwie zu leben.

Tritojesaja (der 3. Jesaja) scheint mehrere Verfasser zu haben. Die Schriften werden nach der Heimkehr des Volkes Israels aus dem Babylonischen Exil und dem Neubau des Tempels in Jerusalem angesetzt, etwa von 521-510 v.C. Trotz der Rückkehr nach Juda und dem Neubau des Tempels steckte das Trauma des Babylonischen Exils noch tief im Bewusstsein der Menschen. Tritojesaja sah sich berufen, sein Volk über dieses Schicksal hinweg zu trösten:

> Der Geist GOTTES, des Herrn, ruht auf mir./ Denn der HERR hat mich gesalbt; er hat mich gesandt, um den Armen frohe Botschaft zu bringen, um die zu heilen, die gebrochenen Herzens sind, um den Gefangenen Freilassung auszurufen und den Gefesselten Befreiung, um ein Gnadenjahr des HERRN auszurufen, einen Tag der Vergeltung für unseren Gott, um alle Trauernden zu trösten, den Trauernden Zions Schmuck zu geben anstelle von Asche, Freudenöl statt Trauer, ein Gewand des Ruhms statt eines verzagten Geistes. Man wird sie Eichen der Gerechtigkeit nennen, Pflanzung des HERRN zum herrlichen Glanz. Dann bauen sie die uralten Trümmerstätten wieder auf und richten die Ruinen der Vorfahren wieder her. Die veröteten Städte erbauen sie neu, die Ruinen vergangener Generationen. (Jes 61,1-4)

Tritojesaja sprach damit die bereits erfolgte Rückkehr nach Juda als Vision aus. Damit erhielten seine Worte eine spirituelle Dimension, die sie als nüchterner Bericht nicht erhalten hätten. Aus dieser „Vision" heraus zeigte Tritojesaja eine echte Vision auf: Israel wird aus den Trümmern zu neuem Glanz erstehen. Gott wird dem Volk einen Neuanfang schenken.

Dabei griff Tritojesaja nicht nur auf das erlebte Trauma und die Gegenwart zurück, sondern er greift Bilder aus dem Alltag auf, um die Zukunft anschaulich zu machen. Sah sich Israel bisher nur als Gottes Eigentum (Ps 100,3), so würde nun Israel zur Braut Gottes:

> Wie der Bräutigam sich freut über die Braut, so freut sich dein Gott über dich. (Jes 62,5)

Damit wechselte das Verhältnis zwischen Gott und dem Volk Israel von einem reinen Besitzverhältnis zu einem sehr persönlichen und intimen Verhältnis. Gott als Bräutigam, Israel als Braut. Nach dem Trauma des Babylonischen Exils wurde damit nicht nur die alte Verbundenheit zwischen Gott und dem Volk wieder hergestellt, sondern in höchstem Maße intensiviert.

Tritojesaja griff zum Trost Gottes an sein Volk Israel das Bild aus der Familie auf:

Wie einen Mann, den seine Mutter tröstet, so tröste ich euch; in Jerusalem findet ihr Trost. (Jes 66,13)

1.6.2 Psalm 23, ein Trostpsalm

In der evangelischen Kirche besitzt der Psalm 23 einen sehr hohen Stellenwert. Noch heute hat fast jeder zu seiner Konfirmation den Psalm 23 auswendig zu lernen. Den meisten evangelischen Christen ist der Wortlaut des Psalms 23 bis ins hohe Alter in guter Erinnerung. Besonders in schweren Lebensphasen erinnern sich evangelische Christen gerne des Psalms 23 und schöpfen aus ihm Hoffnung und Gottvertrauen.

Psalm 23 nach Einheitsübersetzung (1908)

Der Herr ist mein Hirte, nichts wird mir fehlen. Er läßt mich lagern auf grünen Auen und führt mich zum Ruheplatz am Wasser. Er stillt mein Verlangen; er leitet mich auf rechten Pfaden, treu seinem Namen. Muss ich auch wandern in finsterer Schlucht, ich fürchte kein Unheil; denn du bist bei mir, dein Stock und dein Stab geben mir Zuversicht. Du deckst mir den Tisch vor den Augen meiner Feinde. Du salbst mein Haupt mit Öl, du füllst mir reichlich den Becher. Lauter Güte und Huld werden mir folgen mein Leben lang, und im Haus des Herrn darf ich wohnen für lange Zeit.

Psalm 23 nach Einheitsübersetzung (2016)

Der HERR ist mein Hirt, nichts wird mir fehlen. Er lässt mich lagern auf grünen Auen und führt mich zum Ruheplatz am Wasser. Meine Lebenskraft bringt er zurück. Er führt mich auf Pfaden der Gerechtigkeit, getreu seinem Namen. Auch wenn ich gehe im finsteren Tal, ich fürchte kein Unheil; denn du bist bei mir, dein Stock und dein Stab, sie trösten mich. Du deckst mir den Tisch vor den Augen meiner Feinde. Du hast mein Haupt mit Öl gesalbt, übervoll ist mein Becher. Ja, Güte und Huld werden mir folgen mein Leben lang und heimkehren werde ich ins Haus des HERRN für lange Zeiten.

Psalm 23 nach Lutherbibel (2017)

Der HERR ist mein Hirte, mir wird nichts mangeln. Er weidet mich auf einer grünen Aue und führet mich zum frischen Wasser. Er erquicket meine Seele. Er führet mich auf rechter Straße um seines Namens willen. Und ob ich schon wanderte im finstern Tal, fürchte ich kein Unglück; denn du bist bei mir, dein Stecken und Stab trösten mich. Du bereitest vor mir einen Tisch im Angesicht meiner Feinde. Du salbest mein Haupt mit Öl und schenkest mir voll ein. Gutes und Barmherzigkeit werden mir folgen mein Leben lang, und ich werde bleiben im Hause des HERRN immerdar.

Psalm 23 nach Martin Buber

Er ist mein Hirt, mir mangelts nicht.
Auf Grastriften lagert er mich,
zu Wassern der Ruhe führt er mich.
Die Seele mir, bringt er zurück,
er leitet mich in wahrhaftigen Gleisen
um seines Namens willen . -
Auch wenn ich gehen muss durch die Todesschlucht,
fürchte ich nichts Böses,
denn du bist bei mir,
dein Stab, deine Stütze - die trösten mich.
Du rüstest den Tisch mir meinen Drängern zugegen,
streichst das Haupt mir mit Öl,
mein Kelch in Genügen.
Nur Gutes und Holdes verfolgen mich nun
alle Tage meines Lebens,
ich kehre zurück zu Deinem Haus
für die Länge der Tage.

Hintergründe zu Psalm 23

Der Psalm 23 dürfte in der Zeit Israels als Nomaden und Halbnomaden entstanden sein. Die Fürsorge des Hirten für seine Herde prägte auch die Beziehung, wie sich das Volk Israels theologisch sah, als die von Gott geleitete Herde (Jes 40,11; Ps 79,13. 95,7. 100,3; Hes 34,31; Mi 7,14). Damit wurde die Lebenserfahrung der (Halb-)Nomaden auf die Gottesbeziehung des Volkes Israel übertragen.

Sind die ersten drei Verse noch schöne Hirtenromantik, so ändert sich das radikal in Vers 4. Während der Begriff dort meist mit „finsterem Tal" oder „finsterer Schlucht" übersetzt ist, übersetzte ihn Martin Buber mit „Todesschlucht". Der reale Lebensbezug dürfte wohl ein Wadi gewesen sein:

Ein Wadi ist ein ausgetrocknetes Flussbett mit meist steilen Ufern. Ein schwerer Regen im Einzugsgebiet des Wadis kann das Wasser lebensgefährlich schnell ansteigen lassen. So kann es geschehen, dass man flussabwärts bei strahlendem Sonnenschein, ahnungslos der drohenden Gefahr, versucht, das Wadi zu durchqueren und dabei von den herbeiströmenden Wassermassen mitgerissen wird und ertrinkt. Angeblich sollen dadurch in der Wüste mehr Menschen ertrinken als verdursten.

Wenn der Hirte mit seiner Herde ein Wadi durchquert, um auf die andere Seite zu gelangen, werden die Tiere unruhig. Daher lässt der Hirte seinen Hirtenstab über den Rücken der Tiere gleiten. Die Tiere sehen zwar wegen der Finsternis den Hirten nicht, aber sie spüren seinen Hirtenstab. Damit wissen sie, dass der Hirte mit ihnen diesen Weg geht und darauf achtet, dass ihnen nichts passiert.

Man befindet sich während einer Durchquerung eines Wadis wahrhaft in Todesgefahr. Auf diesem Hintergrund dürfte wohl die von Martin Buber übersetzte „Todesschlucht" entstanden sein, durch die der Psalmist nun in seinem Leben zu gehen hat. Wie die Tiere der Herde sieht der Leidende Gott nicht mehr, aber es gibt noch Anzeichen, dass Gott dennoch da ist und diesen Weg mitgeht:

- „Der HERR führte uns mit starker Hand." (Dtn 26,8)

- „dass ich es bin, der sagt: Ich bin da." (Jes 52,6)

- „GOTT, der Herr, führt heraus aus dem Tode." (Ps 68,21)

- „Ich bin bei euch - Spruch des HERRN." (Hag 1,13)

- „Und siehe, ich bin mit euch alle Tage bis zum Ende der Welt." (Mt 28,20)

Vers 5 zeigt mit der Salbung des Hauptes und dem voll eingeschenkten Becher eine große Gastfreundschaft, voller Ehrerbietung.

Vers 6 verweist wieder darauf, dass Gott den Beter nie verlässt. Gottes Segen wird nie von ihm weichen.

Psalm 23 in der pastoralen Seelsorge
Der Psalm 23 kann in verschiedenen Situationen in der pastoralen Seelsorge verwendet werden, unter anderem in diesen:

- Wenn Schweres oder Unbekanntes bevorsteht.
  Wenn Schweres oder Unbekanntes bevorsteht, ein Ende, ein Neuanfang, eine Prüfung oder sonst eine große Veränderung im Leben, kann der Psalm 23 Halt und Trost geben, insbesondere mit dem Vers 4 und dem Hinweis auf seine Entstehung.

- Bei Krankheit:
  Bei drohender oder vorhandener Krankheit, vor einer Untersuchung, einer Operation oder einer anderen Behandlung, von der man Heilung erhofft, diese jedoch nicht sicher ist, kann sich der Patient besonders durch Ps 23,4 angesprochen fühlen. Die Verse 5 und 6 können den Patienten stärken und ihm Hoffnung schenken.

- Beim Sterben:

  Dem Sterbenden und seinen Angehörigen kann der Psalm 23 einen großen Halt geben und Trost spenden. Mit der Bitte an Gott, dass er sich dem Sterbenden als dieser gute Hirte erweisen möchte und ihn gut durch das finstere Tal von unserer Welt in seine Welt begleiten möge. Dort möge er den Sterbenden an dem reich gedeckten Tisch (himmlisches Hochzeitsmahl (Offb 19,9)) Platz nehmen lassen.

- In der Trauer:

  Besonders, wenn ein Partner einer monadischen Beziehung (eine sehr enge Beziehung bei kaum weiteren Beziehungen, keine Freunde), stirbt, weiß der Trauernde oft nicht, wie es weitergehen soll. Er kann sich ein Leben ohne den Verstorbenen gar nicht vorstellen. Genau diese Situation greift der Psalmist im Mittelteil auf und zeugt von einem sehr starken Gottvertrauen. Auch wenn er nicht weiß, wie der nächste Schritt sein wird, er vertraut darauf, dass Gott mit ihm diesen Weg geht. Trauernde können darauf vertrauen, dass Gott auch mit ihnen diesen Weg durch ihre Trauer geht, auch wenn sie ihn nicht spüren.

Der Psalm 23 kann somit in der pastoralen Seelsorge in verschiedenen Lebenssituationen verwendet werden. Er ist somit ein Psalm, der universal verwendet werden kann. Dabei sollte er jedoch nicht nur einfach gebetet werden, sondern für die jeweilige Situation auch kurz gedeutet werden, damit die Leidenden für sich einen tröstlichen Gewinn aus Psalm 23 ziehen können.

1.6.3 Bestattungskultur im AT

Die Kultur eines Volkes erkennt man daran,
wie es mit seinen Toten umgeht.
(Perikles, 493-429 v.C.)

Leichenschändung

Homers „Ilias" endet mit Hektors Tod und seiner Beerdigung, die zunächst von Achilleus verwehrt wurde. Dieser wollte, nachdem er den Leichnam mehrmals um die Stadtmauer geschleift hatte, diesen noch weiter schänden, indem er ihn den Hunden zum Fraß vorwerfen wollte. Priamos kaufte jedoch den Leichnam seines Sohnes frei, sodass er schließlich bestattet werden konnte.

Diese Form von Leichenschändung kennt auch die Bibel. Auch sie berichtet davon, wie Herrscher die Bestattung ihrer Feinde sogar regelrecht verboten hatten, um die Feinde zu demütigen.

Nach der Eroberung des Nordreiches im Jahre 722 v.C. durch die Assyrer wurden die toten Israeliten als Demütigung des ganzen Volkes unbestattet auf den Feldern liegen gelassen, denn der Prophet Hesiod berichtet davon:

Man wird Männer aussondern, die ständig durch das Land ziehen und noch die bestatten, die im Land verstreut liegen geblieben sind, um es rein zu machen. Und am Ende der sieben Monate sollen sie es gründlich durchsuchen. (Hes 39,14)

Sanherib (705-681 v.C.) verwüstete zahlreiche Städte Judas und belagerte 701 v.C. Jerusalem, musste jedoch wieder abziehen. Tobit begrub die Toten dieser Schlachten:

Mein Brot gab ich den Hungernden und Kleider den Nackten; und wann immer ich sah, dass jemand aus meinem Volk starb und hinter die Mauer von Ninive geworfen wurde, begrub ich ihn. Und wenn Sanherib ... jemanden tötete, begrub ich ihn. Denn er tötete viele Söhne Israels in seinem Zorn. Ich aber pflegte ihre Leichname zu entwenden und begrub sie. Sanherib suchte sie, fand sie aber nicht. (Tob 1,17f).

Der Prophet Jeremia beschrieb, dass die Toten der Schlachten um Jerusalem nicht bestattet wurden (Jer 8,2). Er berichtete auch davon, dass den Juden das Brechen des Trauerbrotes und das Trinken des Trostbechers verwehrt war (Jer 16,7).

Was für ein Akt der Menschlichkeit das Begraben der Toten ist, wird dann spürbar, wenn Menschen nicht bestattet wurden. So empfinden Mütter, deren Kinder früh während der Schwangerschaft verstarben und nicht bestattet wurden, weil es in dem Bundesland keine Bestattungspflicht für diese früh verstorbenen Kinder gab, es als unmenschlich, wenn ihre Kinder, deren Herz sie schon auf dem Ultraschallbild schlagen sahen, zusammen mit Krebsgeschwüren, Raucherbeinen und anderen aus der Chirurgie anfallenden Körperteilen als Kliniksondermüll verbrannt wurden. Es schmerzte auch einige der Mütter, die ihre abgetriebenen Kinder nicht bestatten durften, weil es das Bestattungsrecht ihres Landes verboten hat. Für die Mütter waren es ihre Kinder, die als Müll entsorgt wurden. Dieser Umgang erschwert die Trauer.

Die Toten zu begraben ist nicht nur ein Akt der Menschlichkeit, sondern auch echte Trauerhilfe. Trauernde wissen damit, wo der Körper des Verstorbenen liegt. Sie haben dann die Möglichkeit, das Grab aufzusuchen und damit zumindest räumlich dem Toten nahe zu sein. Dies ist echte Hilfe und Trost in ihrer Trauer.

Frühe Bestattungen

Bereits Abraham kaufte von den Hetitern eine Grabstätte, in der er seine verstorbene Frau Sara begrub (Gen 23). Später wurden auch er, sein Sohn Isaak mit Frau Rebekka und auch Lea begraben (Gen 49,31).

Ebenso wurde für das Grab Josefs ein Grundstück erworben (Jos 24,32). Einige Orte erhielten einen eigenen Namen, so die Träneneiche, bei der Debora, die Amme Rebekkas, begraben wurde (Gen 35,8).

In den 40 Jahren des Exodus wurden die Menschen dort begraben, wo man sich aktuell befand, so beim Tod von Mirjam (Num 20,1), Aaron (Dtn10,6) und Mose (Dtn 34,6).

Nach dem Exodus wurde wieder an die Tradition der Familiengräber angeknüpft: Gideon wurde im Grab seines Vaters Joasch begraben (Ri 8,32) und Simson im Grab seines Vaters Manoach (Ri 16,31). Auch Asaël wurde im Grab seines Vaters bestattet (2.Sam 2,32), ebenso Ahitofel (2.Sam 17,23), Rehabeam (1.Kön 14,31), Asa (1.Kön 15,24), Joschafat (1.Kön 22,51), Joram (2.Kön 8,24), Ahasija (2.Kön 9,28), Joasch (2.Kön 12,22), Joasch (2.Kön 13,13), Amazjas (2.Kön 14,20); Asarja (2.Kön 15,7), Jotam (2.Kön 15,38), Ahas (2.Kön 16,20), Joschafat (2.Chr 21,1), Joram (2. Chr 21,19), Amazja (2.Chr 25,28), Usija (2.Chr 26,23) und Manasse (Judit 8,3). Saul wurde im Grab seines Vaters Kisch begraben, zusammen mit seinem Sohn Jonatan (2.Sam 21,14).

Hieraus entwickelte sich die Redewendung, dass der Tote nicht nur „zu seinen Vätern" entschlief, sondern auch bei seinen Vätern" begraben wurde.

Es bildete sich somit früh – am Ende des 2. Jahrtausends v.C. - die feste Bestattungskultur aus, dass nachfolgende Generationen in dem einmal angelegten Familiengrab bestattet wurden.

Debora, die Amme Rebekkas, wurde in Bet-El unter einer Eiche bestattet, die den Namen „Träneneiche" erhielt (Gen 35,8). Saul und seine Söhne wurden in Jabesch unter einer Eiche bestattet (1.Chr 10,12). Es lässt sich aus diesen wenigen Angaben nicht erschließen, ob Eichen die bevorzugten oder besondere Begräbnisorte waren. Es deutet jedoch darauf hin, dass Eichen als besondere Orte angesehen wurden.

Weitere Bestattungen

Jonatan und Simeon begruben ihren Bruder Judas im Grab seiner Väter (1.Makk 9,19). Später ließ Simeon auch Jonatan dort bestatten (1.Makk 13,25).

Auch Stephanus wurde nach seiner Steinigung bestattet. Fromme Männer hielten für ihn eine große Totenklage (Apg 8,2).

In der ganzen Bibel sind Bestattungen von Toten bezeugt. Wenn diese Bestattungen näher beschrieben sind, ist meist die große Anteilnahme des ganzen Volkes genannt. Alle Menschen, die sich mit dem Verstorbenen irgendwie verbunden wussten, nahmen an der Bestattung teil.

1.6.4 Heutige Bestattungskultur

Über Jahrhunderte hinweg hatten wir in Deutschland eine Bestattungskultur, die den Trauernden Trost und Sicherheit gab. Diese Bestattungskultur wird auf verschiedenen Ebenen aufgeweicht. Einige dieser Aufweichungen werden nachfolgend genannt:

* anonyme Bestattung

Durch die anonyme Bestattung haben Hinterbliebene[17] keinen Ort, an dem sie den Verstorbenen nahe sein können. Wer nicht bei der Bestattung dabei sein konnte und nicht zur Familie gehört, soll nicht erfahren, wo der Verstorbene liegt. Grabbesuche sind damit unmöglich. Somit zerstört die anonyme Bestattung eine Kultur, die den Hinterbliebenen Trost gespendet hat.

* Trauerfeier im kleinen Familienkreis

In egozentrischer Weise wird nur noch die eigene Familie als Trauernde gesehen. Die Nachbarn, die Vereinskollegen, die Mitarbeiter, die Freunde, die mitunter sogar eine engere Beziehung zum Verstorbenen hatten als die Familienangehörigen, werden von der Trauerfeier und der Bestattung ausgeschlossen. Dieses Handeln grenzt schon an seelische Grausamkeit.

* bewusster Ausschluss bestimmter Personen

Wenn es innerhalb der Familie Unfrieden gibt, wird mitunter das Recht, die Bestattung zu organisieren, als Machtmittel in der Weise missbraucht, dass

---

17 Unter „Hinterbliebene" werden meist die Verwandten verstanden, oft nur die Menschen aus der Kernfamilie. Doch der Kreis der Hinterbliebenen ist viel größer. Zu ihnen gehören Freunde, Arbeitskollegen, Nachbarn, Vereinskameraden und weitere Menschen, die in (enger) Beziehung zu dem Verstorbenen standen. Manchmal ist diese Beziehung enger als die familiären Beziehungen.
Eine anonyme Bestattung bedeutet für die Menschen außerhalb des Familienkreises, dass sie keinen Ort der Trauer haben, an dem sie dem Verstorbenen nahe sein können. Sie haben kein Grab, das sie besuchen und ggf. einen Blumenstrauß abstellen können. Der Tod hat ihnen den Verstorbenen entrissen, die anonyme Bestattung raubt ihnen dazu noch einen Ort der Trauer.
Anonyme Bestattung bedeutet auch, dass aus Gründen des Datenschutzes außer den Familienangehörigen niemand erfahren darf, wo der Verstorbene liegt.

bestimmte Personen ausgeschlossen werden, indem sie erst im Nachhinein erfahren, dass die Bestattung bereits stattgefunden hat. Häufig kommt dies mit Stiefkindern und Partnern und/oder Kindern aus erster Ehe vor. Es werden aber auch Schwiegereltern und Geschwister bewusst nicht informiert. Diesem Missbrauch des Rechts gehört gesetzlich ein Ende gesetzt: Zumindest Verwandte bis zum 2. oder 3. Grad sollten ein gesetzlich abgesichertes Recht haben, den Verstorbenen sehen zu dürfen und bei der Bestattung mit anwesend sein zu können. Der „Bestattungspflichtige", wie er in den Bestattungsgesetzen (BestG) der meisten deutschen Bundesländer genannt wird, soll seine Macht nicht länger dazu missbrauchen können, um ihm unliebsamen Menschen durch diesen Ausschluss schweren seelischen Schaden zuzufügen.

- Fehlendes Recht auf Bestattung nach Fehlgeburt oder Abtreibung

Nicht in allen deutschen Bundesländern haben die Eltern von Kindern, die in den ersten 12 Schwangerschaftswochen verstorben sind, das Recht, ihr fehlgeborenes oder abgetriebenes Kind zu bestatten. - Dabei hat das BVerfG am 28.05.1993 geurteilt, dass ungeborenen Kindern schon von der Zeit ihrer Empfängnis Menschenwürde zukommt.

- Wortwahl in den Bestattungsgesetzen

Selbst die Wortwahl in den BestG lässt zu wünschen. So werden z.B. während der Schwangerschaft verstorbene Kinder im Gesetzestext als Embryonen, Föten, Leibesfrucht,[18] Ungeborenes[19] oder Feten[20] bezeichnet.

Die BestG der meisten Bundesländer fordert einen würdevollen Umgang mit den Toten. Doch in 12 von 16 BestG sind fehlgeborene und abgetriebene Kinder, und/oder Körperteile, und/oder Leichenteile und in 3 BestG auch Leichen zu „beseitigen". Bei dieser Wortwahl kann schnell eine Beziehung zur Abfall-beseitigung hergestellt werden. Auf dieser Linie kann das BestG in das Abfall-beseitigungsgesetz integriert werden. Ob dies im Einklang mit Art. 1 GG ist, mag jeder für sich entscheiden.

---

18 Verwaiste Eltern protestieren dagegen: „Ich bin doch kein Baum!"
19 „Ungeborenes" bedeutet dem Worte nach, dass das Kind noch nicht geboren ist. In diesem Falle kann das Kind nur dann bestattet werden, wenn die Mutter auch tot ist. Dies ist jedoch in den meisten Fällen nicht gegeben. Nur das Kind ist tot. Die Mutter lebt. Daher ist „Ungeborenes" im Bestattungsgesetz ein Unwort.
20 Gemeint sind „Föten". Aber in den Bestattungsgesetzen von 4 Bundesländern steht im Gesetzestext „Feten". Den verwaisten Eltern ist aber in diesem Zusammenhang gar nicht danach, Feten zu feiern. Auch können Feten (Feiern) zwar beendet, nicht aber bestattet werden.

Trauernde haben oft keine Kraft und keine Energie, um sich gegen erfahrenes Unrecht zu erwehren, selbst wenn ihnen diese Rechtsverletzung als solche bewusst ist. Daher ist es so bedeutsam, auf diese guten Sitten zu achten und diese wieder herzustellen, wo sie im Argen liegen.

Doch wie wenig Appelle von der Bevölkerung angenommen werden, haben wir im Corona-Jahr 2021 gesehen. Bis zum Sommer konnte sich jeder impfen lassen. Doch es wurde keine 70% an bundesweiter Impfquote erreicht. Alle Appelle der Mediziner und Politiker verhallten wirkungslos. Daher wurden die Impfzentren reduziert. Als im November 2021 die 7-Tages-Inzidenz auf über 400 anstieg, ließen sich einige Skeptiker impfen. Die notwendige Marke von mindestens 80% Geimpften wurde damit nicht erreicht.

Gegen die Gesetzeslücken – so z.B. dem fehlenden Rechtsschutz der Hinterbliebenen gegenüber dem Bestattungspflichtigen - kann man nicht vor Gericht klagen. Hier versagt das Gesetz selbst. Hier ist Justitia gegenüber dem Leid, das sie verhindern sollte blind. Hier muss die Legislative der Justiz ihre Blindheit wegnehmen und ihr mit einem wehrfähigen BestG ein Mittel zur Hand geben, mit dem sie bei ethischen und sittlichen Verstößen einschreiten kann.

BestG sollten nicht nur dafür sorgen, dass Leichen und Leichenteile „ hygienisch einwandfrei und dem sittlichen Empfinden entsprechend beseitigt" werden – so eine gängige Formulierung in den BestG –, sie sollten darüber hinaus auch den Hinterbliebenen in den Tagen ihrer frischen und tiefen Trauer beistehen und Trost spenden. Bei allen BestG ist hierbei Handlungsbedarf, z.T. auch dringender Handlungsbedarf, wie die o.g. Beispiele aufzeigen.

Die bisher formulierten Zwecke der BestG sind die Wahrung der Würde des Verstorbenen, ihm Ehrfurcht und Achtung erweisen, das religiöse, sittliche und weltanschauliche Empfinden zu schützen, dafür zu sorgen, dass vom Leichnam keine Gefahren ausgehen (z.B. durch Infektion) und die strafrechtliche Verfolgung von Mord oder Totschlag. Bei der Überarbeitung der BestG sollte daneben auch darauf geachtet werden, dass der Gesetzestext die Hinterbliebenen tröstet und sie vor Übergriffen schützt.

1.7 Trost in der Auferstehung

Der Glaube an die Auferstehung von den Toten ist ein starker Trost, denn es ist ein gutes Gefühl, zu glauben, dass man im Jenseits seine geliebten Verstorbenen wieder sieht. Es tut gut, zu glauben, dass Gott die Toten wieder zum Leben erweckt und man in der Ewigkeit das Leben mit seinen geliebten Menschen weiterführen kann. Es ist tröstlich, zu glauben, dass die Verstorbenen uns nur vorangegangen sind und wir ihnen nachfolgen werden, um dann ewiglich mit ihnen zusammen zu sein.

Der Auferstehungsglaube entstand nicht erst durch die Auferstehung Jesu. Er entwickelte sich bereits im AT. Nachfolgend sind die wichtigsten Stationen des Auferstehungsglaubens im AT genannt.

1.7.1 Ezechiel

Das geschichtlich wohl älteste Zeugnis der Frage um die Auferstehung von den Toten im AT ist beim Propheten Ezechiel (um 600-560 v.C.) zu finden. Er lebte in der Zeit der Babylonischen Gefangenschaft (586-538 v.C.) und hat die Zerstörung des Salomonischen Tempels erlebt. Er sah auch die Erschlagenen auf den Feldern und Fluren, auf denen sich die vorausgegangenen Schlachten ereignet hatten. Menschen wurden dahingeschlachtet. Sie wurden wie Tiere zur Schlachtbank (Jes 14,21) zum Schlachtfeld geführt.

Es war nicht immer üblich, die Toten des Feindes zu bestatten. Man hatte nach einer Schlacht oft schon mit der Bestattung der eigenen Toten genug Arbeit.

Ezechiel stellte die Frage, ob die Gebeine der Toten je wieder lebendig werden können. In dieser rein irdischen Sichtweise stellte sich in jener Zeit die Frage nach dem Weiterleben nach dem Tode.

Die Hand des Herrn legte sich auf mich, und der Herr brachte mich im Geist hinaus und versetzte mich mitten in die Ebene. Sie war voll von Gebeinen. Er führte mich ringsum an ihnen vorüber, und ich sah sehr viele über die Ebene verstreut liegen; sie waren ganz ausgetrocknet. Er fragte mich: Menschensohn, können diese Gebeine wieder lebendig werden? Ich antwortete: Herr und Gott, das weißt nur du. Da sagte er zu mir: Sprich als Prophet über diese Gebeine, und sag zu ihnen: Ihr ausgetrockneten Gebeine, hört das Wort des Herrn! So spricht Gott, der Herr, zu diesen Gebeinen: Ich selbst bringe Geist in euch, dann werdet ihr lebendig. Ich spanne Sehnen über euch und umgebe euch mit Fleisch; ich überziehe euch mit Haut und bringe Geist in euch, dann werdet ihr lebendig. Dann werdet ihr erkennen, daß ich der Herr bin. Da sprach ich als Prophet, wie mir befohlen war; und noch während ich redete, hörte ich auf einmal ein Geräusch: Die Gebeine rückten zusammen, Bein an Bein. Und als ich hinsah, waren plötzlich Sehnen auf ihnen, und Fleisch umgab sie, und Haut überzog sie. Aber es war noch kein Geist in ihnen. Da sagte er zu mir: Rede als Prophet zum Geist, rede, Menschensohn, sag zum Geist: So spricht Gott, der Herr: Geist, komm herbei von den vier Winden! Hauch diese Erschlagenen an, damit sie lebendig werden. Da sprach ich als Prophet, wie er mir befohlen hatte, und es kam Geist in sie. Sie wurden lebendig und standen auf - ein großes, gewaltiges Heer. Er sagte zu mir: Menschensohn, diese Gebeine sind das ganze Haus Israel. Jetzt sagt Israel: Ausgetrocknet sind unsere Gebeine, unsere Hoffnung ist untergegangen, wir sind verloren. Deshalb tritt als Prophet auf, und sag zu ihnen: So spricht Gott, der Herr: Ich öffne eure Gräber und hole euch, mein Volk, aus euren Gräbern herauf. Ich bringe euch zurück in das Land Israel. Wenn ich eure Gräber öffne und euch, mein Volk, aus euren Gräbern heraufhole, dann werdet ihr erkennen, daß ich der Herr bin. Ich hauche euch meinen Geist ein, dann werdet ihr lebendig, und ich bringe euch wieder in euer Land. Dann werdet ihr erkennen, daß ich der Herr bin. Ich habe gesprochen, und ich führe es aus - Spruch des Herrn. (Ez 37,1-14)

Als Prophet sagte Ezechiel den Trauernden zu, dass die Toten von Gott wieder zum Leben erweckt werden. So sehr wir Menschen dem Tod ausgeliefert sind, Gott steht über dem Tod. Er besitzt sogar über den Tod Macht. Dies ist einerseits ein Wesenszug Gottes, andererseits ein großer Trost für die Trauernden.

1.7.2 Ein Verwundeter einer Schlacht

In der Makkabäerzeit (165-63 v.C.) wurden manche Schlachten geschlagen. Dabei gab es auch schlimme Verwundungen. Ein tödlich Verwundeter legte vor seinem Tod ein deutliches Zeugnis für den Auferstehungsglauben ab:

Fast schon verblutet, riß er sich die Eingeweide aus dem Leib, packte sie mit beiden Händen und schleuderte sie auf die Leute hinunter; dabei rief er den Herrn über Leben und Tod an, er möge sie ihm wiedergeben. So starb er. (2.Makk 14,46)

Dieser Jude tröstete sich tödlich verwundet damit, dass ihm Gott sein Leben nicht auslöschen, sondern ihm wiedergeben möge.

1.7.3 Die sieben Brüder

In der Makkabäerzeit hatten die Juden unter Verfolgung zu leiden. Antiochios IV. (um 215-164 v.C.) versuchte mit seinem Religionsedikt den Juden den Hellenismus aufzudrücken. Demetrios (+150 v.C.) führte diese Politik fort. Hierbei gab es auch Folterungen und Mord. Eine übliche Maßnahme war dabei, die Juden zu zwingen, Schweinefleisch zu essen (2.Makk 6,18; 7,1). Damit zwang man Juden zu einer Handlung, die gegen ihre religiöse Überzeugung verstieß.

Das 2. Buch der Makkabäer berichtet von sieben Brüdern, die mit ihrer Mutter festgenommen wurden. Sie wurden unter Androhung von Folter aufgefordert, Schweinefleisch zu berühren. Da sie dieser Aufforderung widerstanden, wurden sie zu Tode gefoltert.

Als er in den letzten Zügen lag, sagte er: Du Unmensch! Du nimmst uns dieses Leben; aber der König der Welt wird uns zu einem neuen, ewigen Leben auferwecken, weil wir für seine Gesetze gestorben sind. Nach ihm folterten sie den dritten. Als sie seine Zunge forderten, streckte er sie sofort heraus und hielt mutig die Hände hin. Dabei sagte er gefaßt: Vom Himmel habe ich sie bekommen, und wegen seiner Gesetze achte ich nicht auf sie. Von ihm hoffe ich sie wiederzuerlangen.(2.Makk 7,9-11)

Als er tot war, quälten und mißhandelten sie den vierten genauso. Dieser sagte, als er dem Ende nahe war: Gott hat uns die Hoffnung gegeben, daß er uns wieder auferweckt. Darauf warten wir gern, wenn wir von Menschenhand sterben. Für dich aber gibt es keine Auferstehung zum Leben. (2.Makk 7,13f)

So starben alle sieben Brüder und ihre Mutter im Glauben an die Auferstehung von den Toten. Dabei glaubten sie, dass es nur für sie diese Auferstehung von den Toten gibt, da sie Gottes Gebote achteten. Dem grausamen König sprachen sie jedoch die Auferstehung von den Toten ab.

1.7.4 Die Sammlung für die Erschlagenen

Ein von Judas Makkabäus (+160 v.C.) gegen die Hellenisierung der Juden geführter Guerillakrieg forderte auch unter den Juden Tote. Für diese im Kampf getöteten Juden ließ Judas Makkabäus in Jerusalem ein Sündopfer darbringen.

Er veranstaltete eine Sammlung, an der sich alle beteiligten, und schickte etwa zweitausend Silberdrachmen nach Jerusalem, damit man dort ein Sündopfer darbringe. Damit handelte er sehr schön und edel; denn er dachte an die Auferstehung. Hätte er nicht erwartet, daß die Gefallenen auferstehen werden, wäre es nämlich überflüssig und sinnlos gewesen, für die Toten zu beten. (2.Makk 12,43f)

Zuweilen ist es den Hinterbliebenen ein großes Bedürfnis, etwas für das Seelenheil der Verstorbenen zu tun. Judas Makkabäus entsprach mit dieser Sammlung für das Sündopfer diesem Wunsch. Die Lebenden wollten sichergehen, dass Gott die Verstorbenen wirklich bei sich aufnimmt. Dieser Brauch ist in der katholischen Kirche dadurch erhalten geblieben, dass man für die Verstorbenen eine heilige Messe lesen lässt.

2 Trauer und Trost im NT

2.1 Jesus, Lehrmeister des Tröstens

Jesus ist ein wahrhafter Meister des Tröstens. In den Texten der Evangelien fällt dieses aber gar nicht so auf. Wenn man jedoch weiß, worauf es beim Trösten ankommt, fallen diese Stellen auf.

2.1.1 Der Blinde von Jericho

Die Heilung des Blinden vor den Toren Jerichos nimmt unter den Heilungswundern eine absolute Schlüsselrolle ein.

> Sie kamen nach Jericho. Als er mit seinen Jüngern und einer großen Menschenmenge Jericho wieder verließ, saß am Weg ein blinder Bettler, Bartimäus, der Sohn des Timäus. Sobald er hörte, dass es Jesus von Nazaret war, rief er laut: Sohn Davids, Jesus, hab Erbarmen mit mir! Viele befahlen ihm zu schweigen. Er aber schrie noch viel lauter: Sohn Davids, hab Erbarmen mit mir! Jesus blieb stehen und sagte: Ruft ihn her! Sie riefen den Blinden und sagten zu ihm: Hab nur Mut, steh auf, er ruft dich. Da warf er seinen Mantel weg, sprang auf und lief auf Jesus zu. Und Jesus fragte ihn: Was willst du, dass ich dir tue? Der Blinde antwortete: Rabbuni, ich möchte sehen können. Da sagte Jesus zu ihm: Geh! Dein Glaube hat dich gerettet. Im gleichen Augenblick konnte er sehen und er folgte Jesus auf seinem Weg nach. (Mk 10,46-52 // Lk 18,35-43)

Hierbei ist darauf hinzuweisen, dass an der tastenden Gangart eines Blinden deutlich zu erkennen ist, dass dieser Mensch blind oder zumindest stark sehbehindert ist. Der innere Antrieb vieler hilfsbereiter Menschen ist, im Rahmen ihrer Möglichkeiten den Blinden zu helfen. Wenn sie die Wunderkräfte Jesu hätten, würden sie zu solchen Blinden sagen: „Ach, du Armer. Komm, ich heile dich."

Jesus reagierte da völlig anders. Er fragte den Blinden: „Was willst du, dass ich dir tue?" Er „vergewohltätigte" nicht den Blinden, er bestimmte nicht über ihn, sondern er nahm ihn und seine Wünsche ernst und fragte ihn, was er sich wünscht. Damit nahm Jesus den Leidenden ernst. Er achtete das Selbstbestimmungsrecht eines jeden Menschen, auch eines Leidenden.

Was willst du, dass ich dir tue?

Diese Frage wurde mir als Klinikseelsorger zur Grundhaltung. Ich habe gelernt, dass ich die Menschen nur zu begleiten habe. Ich bin nicht verantwortlich für deren Leben. Es liegt nicht in meiner Verantwortung, wie die Menschen leben und ob die Menschen leben oder sterben wollen. Dies gilt um so mehr, wenn die Menschen einen völlig anderen Lebensweg einschlagen, als ich genommen hätte. Ohne Kritik und ohne Vorwürfe habe ich diesen von den anderen gewählten Lebensweg zu begleiten.

Da jeder sein Leben selbstbestimmt leben möchte, ist es wichtig, die Wünsche der Mitmenschen zu beachten, insbesondere der Leidenden. Sie sind die Schwachen. Sie haben nicht die Kraft, ihre Interessen und Bedürfnisse gegen Widerstände durchzusetzen. Um so wichtiger ist es, die Wünsche der Leidenden zu kennen, um sie erfüllen zu können.

Die augenblicklichen Wünsche eines Leidenden an den Begleiter können sehr unterschiedlich sein. Man kann sie nur erfahren, wenn man sie erfragt. Vorstellbare Wünsche sind:

- von seinem Leid erzählen,

- ein Orientierungsgespräch führen,

- ein Glaubensgespräch führen,

- mit dem Begleiter beten,

- gesegnet werden,

- in Ruhe gelassen werden.

Auch der letzte Punkt ist vorstellbar. Das muss nichts mit der Person des Begleiters zu tun haben, sondern einfach mit dem augenblicklichen Zustand des Leidenden.

2.1.2 Emmausjünger in Begleitung

Das wohl schönste biblische Beispiel einer guten Begleitung ist die Begegnung Jesu nach seiner Auferstehung mit den beiden Jüngern, die von Jerusalem nach Emmaus unterwegs waren. Auf ihrem etwa 11 km langen Weg begegnete ihnen der Auferstandene (Lk 24,13-35):

Am gleichen Tag waren zwei von den Jüngern auf dem Weg in ein Dorf namens Emmaus, das sechzig Stadien von Jerusalem entfernt ist. Sie sprachen miteinander über all das, was sich ereignet hatte. Während sie redeten und ihre Gedanken austauschten, kam Jesus hinzu und ging mit ihnen. Doch sie waren wie mit Blindheit geschlagen, so daß sie ihn nicht erkannten. Er fragte sie: Was sind das für Dinge, über die ihr auf eurem Weg miteinander redet? Da blieben sie traurig stehen, und der eine von ihnen - er hieß Kleopas - antwortete ihm: Bist du so fremd in Jerusalem, daß du als einziger nicht weißt, was in diesen Tagen dort geschehen ist? Er fragte sie: Was denn? Sie antworteten ihm: Das mit Jesus aus Nazaret. Er war ein Prophet, mächtig in Wort und Tat vor Gott und dem ganzen Volk. Doch unsere Hohepriester und Führer haben ihn zum Tod verurteilen und ans

Kreuz schlagen lassen. Wir aber hatten gehofft, daß er der sei, der Israel erlösen werde. Und dazu ist heute schon der dritte Tag, seitdem das alles geschehen ist. Aber nicht nur das: Auch einige Frauen aus unserem Kreis haben uns in große Aufregung versetzt. Sie waren in der Frühe beim Grab, fanden aber seinen Leichnam nicht. Als sie zurückkamen, erzählten sie, es seien ihnen Engel erschienen und hätten gesagt, er lebe. Einige von uns gingen dann zum Grab und fanden alles so, wie die Frauen gesagt hatten; ihn selbst aber sahen sie nicht. Da sagte er zu ihnen: Begreift ihr denn nicht? Wie schwer fällt es euch, alles zu glauben, was die Propheten gesagt haben. Mußte nicht der Messias all das erleiden, um so in seine Herrlichkeit zu gelangen? Und er legte ihnen dar, ausgehend von Mose und allen Propheten, was in der gesamten Schrift über ihn geschrieben steht. So erreichten sie das Dorf, zu dem sie unterwegs waren. Jesus tat, als wolle er weitergehen, aber sie drängten ihn und sagten: Bleib doch bei uns; denn es wird bald Abend, der Tag hat sich schon geneigt. Da ging er mit hinein, um bei ihnen zu bleiben. Und als er mit ihnen bei Tisch war, nahm er das Brot, sprach den Lobpreis, brach das Brot und gab es ihnen. Da gingen ihnen die Augen auf, und sie erkannten ihn; dann sahen sie ihn nicht mehr. Und sie sagten zueinander: Brannte uns nicht das Herz in der Brust, als er unterwegs mit uns redete und uns den Sinn der Schrift erschloß? Noch in derselben Stunde brachen sie auf und kehrten nach Jerusalem zurück, und sie fanden die Elf und die anderen Jünger versammelt. Diese sagten: Der Herr ist wirklich auferstanden und ist dem Simon erschienen. Da erzählten auch sie, was sie unterwegs erlebt und wie sie ihn erkannt hatten, als er das Brot brach. (Lk 24,13-35)

Dieser Bibeltext ist für die Begleitung Leidender in vielfacher Weise bezeichnend und hilfreich.

1. Kontaktaufnahme

   Jesus ging auf die beiden Jünger zu, er wich ihnen nicht aus, wie es unsichere Menschen tun. An der Haltung der Emmausjünger und ihrem Gang konnte jeder erkennen, dass sie kein erfreuliches Thema miteinander besprachen. Dennoch ging Jesus zu ihnen.

2. Zuhören, auch wenn man den Inhalt kennt

   Jesus wusste sehr wohl, was geschehen war. Schließlich war er in diesem Geschehen die Hauptperson. Dennoch stellt sich Jesus unwissend und lud die beiden Jünger dazu ein, es ihm zu erzählen.

   Die beiden Jünger konnten damit erst einmal „Dampf ablassen". Sie konnten einem scheinbar Unwissenden alles erzählen, was sie innerlich so aufgewühlt hatte, was sie bewegte. - Alleine dies ist Trost.[21]

---

21 Sicherlich kennen Sie Situationen in Ihrem Leben, in denen Sie „Dampf ablassen konnten". Spüren Sie nach, wie wohltuend dies war, dass da jemand da war, der sich für

Darüber hinaus ist das Zuhören auch sehr wichtig, um sich ein umfassendes Bild von der Lage des Leidenden machen zu können.

Trauernde und andere schwer Leidende erzählen auch noch nach Wochen, Monaten und Jahren immer noch das Gleiche. An ihrem Leid hat sich seither nichts verändert. Es ist nach wie vor geblieben. Der geliebte Mensch fehlt ihnen noch immer. - Wie Jesus sollten Begleiter es auch immer wieder anhören, auch wenn man selbst schon die Geschichte auswendig kennt.

3. Situation erklären, Informationen liefern

Jesus erklärte den beiden Jüngern die Prophezeiungen des Alten Testaments und ließ sie damit wissen, dass dies alles so geschehen musste, weil es vorhergesagt wurde, weil es Gottes Wille war.

Leidende brauchen Antworten, auch wenn man keine Antwort geben kann. Die Antworten sollten jedoch wahr sein. In Glaubensfragen sollte der Begleiter hinter den Worten seiner Antwort stehen oder offen eingestehen, dass auch er hier keine Antwort darauf hat.

Besonders brennend ist immer wieder die Frage nach dem Warum. Diese Frage ist nicht zu beantworten.

4. Loslassen

Jesus ging zwar mit den beiden Jüngern noch ins Haus und brach mit ihnen das Brot, doch dann war er weg.

Auch wenn Leidende zuweilen klammern, sich am Begleiter festhalten und ihn nicht freigeben wollen, ist es wichtig, sich von ihnen zu trennen. Es gibt auch Profis, die damit ihre Schwierigkeiten haben. Sie pflegen ihren Klientenstamm und ihren Fanclub. Damit entlassen sie den Leidenden nicht wieder in seine Selbstständigkeit.

Ein guter Begleiter ist nicht der,
der viele begleitete Leidende vorweisen kann,
sondern der, der viele in die Selbstständigkeit entlässt.

Jesus zeigte in vorbildlicher Weise, welche Schritte für das Trösten wichtig sind.

Ihre Erlebnisse interessiert hatte, der Anteil an Ihrem Erlebten nahm.

Vielleicht kennen Sie auch Situationen, in denen Sie bei diesem Versuch ausgebremst (z.B. „Ich habe jetzt keine Zeit dafür.") oder gar zurückgewiesen (z.B. „Was geht das mich an?") wurden.

Vielleicht kennen Sie auch Situationen, in denen Ihnen dieser Zuhörer fehlte, um das loszuwerden, was Sie innerlich so sehr bewegte.

2.2 Trost in der Auferstehung Jesu

2.2.1 Jesus und Maria von Magdala

Maria von Magdala ging als Erste zum Grab, um den Leichnam Jesu zu salben, fand aber nur ein leeres Grab. Sie ging zu Petrus und Johannes, um es ihnen zu sagen. Mit ihnen kehrte sie wieder zum Grab zurück. Nachdem sich Petrus und Johannes von der Richtigkeit der Angaben überzeugt hatten, gingen sie wieder nach Hause. Maria blieb jedoch am Grab.[22]

In Jesus sah sie noch den Gärtner. Auf seine Frage, wen sie denn suche, antwortete sie: „Herr, wenn du ihn weggebracht hast, sag mir, wohin du ihn gelegt hast. Dann will ich ihn holen."[23]

Der Tod eines geliebten Menschen, insbesondere eines jungen Menschen, lässt Menschen zuweilen den Glauben an Gott verlieren. Viele Menschen stellen dann die Frage, wo denn dieser Gott sei, der diesen geliebten Menschen sterben ließ, der es zuließ, dass ein Kind starb. - Diese Menschen sind auf der Suche nach Gott, nach einer neuen Gottesbeziehung. Sie wollen wieder an Gott glauben.

Jesus sagte zu ihr: Maria! Da wandte sie sich ihm zu und sagte auf hebräisch zu ihm: Rabbuni!, das heißt: Meister. (Joh 20,16)

Erst nachdem Jesus Maria von Magdala mit ihrem Namen angesprochen hatte, wandte sie sich ihm zu. Zuvor nahm sie ihn nur so am Rande wahr.[24]

Das hebräische „Rabbuni" ist eine ehrfurchtsvolle Anrede. Erst durch die volle Zuwendung zu Jesus erkannte sie diesen.

Maria von Magdala schien Jesus festhalten zu wollen, denn Jesus sagte zu ihr: „Halte mich nicht fest; denn ich bin noch nicht zum Vater hinaufgegangen. Geh aber zu meinen Brüdern, und sag ihnen: Ich gehe hinauf zu meinem Vater und zu eurem Vater, zu meinem Gott und zu eurem Gott." (Joh 20,17)

Maria von Magdala schien auch hier schwer von Begriff gewesen zu sein. Hatte Jesus aus ihr sieben Dämonen auszutreiben[25] (Mk 16,9; Lk 8,2), so wollte sie nun

---

22 Maria von Magdala kehrte nicht gleich wieder zum Leben zurück, sondern verblieb noch beim Grab. Sie blieb noch beim Ort der Toten.

23 Maria von Magdala wollte den Toten wieder dorthin zurückbringen, wo er ihrer Meinung nach hingehörte, in das Grab. Es dürfe nicht sein, dass er auferstanden, ihr ferne ist.

24 Viele Menschen beschäftigen sich erst beim Tod eines geliebten Menschen genauer mit dem Tod, mit Gott, mit der Frage nach dem Weiterleben nach dem Tod.

25 Ein Bild dafür, dass Maria von Magdala immer wieder rückfällig wurde, doch Jesus nicht aufgab. Schließlich gelang es doch, dass auch sie geheilt blieb. Aus Dank folgte sie Jesus bis zur Kreuzigung nach und wollte ihn nun am Tag nach dem Sabbat salben.

den Toten nicht gehen lassen. Sie wollte keinen Verlustschmerz leiden. Jesus sollte immer bei ihr bleiben, wenn nicht als Mensch, so zumindest als Geistwesen.

So wie Maria von Magdala Jesus gehen ließ, sollten wir auch unsere Verstorbenen gehen lassen. Wir brauchen keine Sorge zu haben, dass wir sie damit vergessen würden. Sie gehören zu uns und unserem Leben.

Eltern, die um ein kleines Kind trauern, antworten auf die Frage nach der Anzahl ihrer Kinder z.B.: „Wir haben drei Kinder, Leonie und Jakob an den Händen, und Jennifer im Herzen." An diesem Ort sind uns unsere Verstorbenen immer nahe, zu jeder Zeit, an jedem Ort. Von diesem Ort kann sie keine Macht der Welt vertreiben.

2.2.2 Jesus erschien den Jüngern

Am Abend des ersten Tages der Woche trafen sich die Jünger aus Furcht vor den Juden bei verschlossenen Türen. Dennoch trat Jesus in ihre Mitte und sagte zu ihnen: „Friede sei mit euch!" (Joh 20,19)

Der Tod eines geliebten Menschen macht auch die Trauernden verschlossen. Sie selbst fühlen sich wie in Watte gepackt. Nichts kann sie mehr erreichen, und wenn doch, dann nur gedämpft.

Um in Ruhe trauern zu können, ziehen sich viele Trauernde auch von anderen Menschen zurück. Sie wollen in Ruhe das verarbeiten, was ihnen widerfahren ist, den Tod eines geliebten Menschen.

Besonders beim plötzlichen Tod eines Menschen brauchen die Hinterbliebenen viele Stunden, um das Unbegreifliche annehmen zu können. Sie brauchen den leblosen Leichnam, um sich von dem überzeugen zu können, was für sie unfassbar ist.

Jesus kam nicht und brach ihre Türen auf. Die Verschlossenheit blieb erhalten, aber in sie hinein kam Jesus mit seiner Friedensbotschaft: Die Menschen sollen nicht mehr mit dem Schicksal hadern, nicht länger gegen Gott klagen, sich nicht länger von den Menschen zurückziehen, sondern mit sich und den Gegebenheiten in Frieden leben. Sie sollen sich wieder dem Leben zuwenden.

2.2.3 Jesus erschien allen Jüngern (Thomas)

Thomas hörte von den anderen Jüngern, dass sie den auferstandenen Jesus gesehen hätten. Skeptisch sagte er, dass er dies nur glaube, wenn er diesen Jesus berühren könnte. Acht Tage später trafen sich die Jünger wieder bei verschlossenen Türen. Diesmal war Thomas dabei. Wieder kam Jesus mit dem Friedensgruß.

Dann sagte er zu Thomas: Streck deinen Finger aus - hier sind meine Hände! Streck deine Hand aus und leg sie in meine Seite, und sei nicht ungläubig, sondern gläubig! Thomas antwortete ihm: Mein Herr und mein Gott! (Joh 20,27f)

Viele naturwissenschaftlich geprägte Menschen haben die Haltung des Thomas: Was nicht sein darf, kann nicht sein. Mir kann man viel erzählen, aber ich glaube es erst, wenn ich mich davon selbst überzeugt habe. Worte alleine überzeugen hier nicht, sondern nur eigene Erfahrungen.

Wir Menschen wollen das Unbegreifbare begreifen. Wenn uns dabei der Verstand nicht ausreicht, sollen uns unsere Hände dazu verhelfen, es zu be-greifen. - Doch wie will jemand uns die Auferstehung von den Toten und das ewige Leben vom Verstand her begreifbar machen. Es ist schwer und faktisch unmöglich. Was hier bleibt, ist einzig und allein der Glaube.

2.2.4 Jesus erschien den Jüngern am See

Obwohl die Jünger den auferstandenen Jesus schon zweimal gesehen hatten, kehrten sie zum Alltag zurück. Sie gingen am See von Tiberias fischen. Doch in dieser Nacht fingen sie nichts.[26] Morgens stand Jesus am Ufer und sagte zu ihnen, dass sie die Netze auf der rechten Seite auswerfen sollen.[27] Da fingen sie so viele Fische, dass sie sie nicht einholen konnten.

Trauernde führt die Verarbeitung der Trauer zum Leben zurück, zum „Leben in Fülle" (Joh 10,10). Doch davor liegt mühevolle Trauerarbeit.

2.2.5 Geduld und Ausdauer

Im Umgang mit Leidenden, insbesondere Trauernden, benötigen die Begleiter oft viel Geduld und Ausdauer. Das zeigt sich anhand der Auferstehungsgeschichten im Johannes-Evangelium (Joh 20f):

1. Maria von Magdala, Petrus und Johannes am leeren Grab

2. Jesus erschien Maria von Magdala

3. Jesus erschien den Jüngern

4. Jesus erschien allen Jüngern, auch Thomas

5. Jesus erschien den Jüngern am See von Tiberias

---

26 Nach dem Tod eines geliebten Menschen stehen Trauernde auch mit leeren Händen da. Sie haben sich auch abgemüht, haben außer ihrer Trauer nichts, weder Hoffnung, Lebensfreude noch Lebensmut.

27 Dies lässt sich auch übersetzen mit der „richtigen Seite". Oft suchen Trauernde an der falschen Stelle/Tür nach der Rückkehr ins Leben.

Jesus erschien den Jüngern mehrmals. Er war dabei kein einziges Mal mit seinen Jüngern ungeduldig, weil sie die volle Tragweite seiner Auferstehung nicht gleich bei den ersten Erscheinungen verstanden hatten.

In ähnlicher Weise tun sich Leidende schwer damit, die große Veränderung in ihrem Leben so recht zu verstehen. Sie brauchen dafür Zeit. Die Begleiter brauchen dafür Geduld und Ausdauer. Bei Krankheit braucht die Genesung manchmal viel Zeit und verlangt vom Kranken wie auch von den Begleitern viel Geduld und Ausdauer.

Herr W. lag nach einer schweren Operation schon einige Wochen durchgehend auf der Intensivstation. Danach konnte er schon neben dem Bett sitzen, doch dann musste er wieder an die künstliche Beatmung. Dann kamen Komplikationen und Nachoperationen. Es war ein ständiges Auf und Ab. In diesen Tagen begann ich, Herrn W. zu sagen: „Egal wie lange es dauert, das Ergebnis zählt." Ich ahnte nicht, dass ich es ihm noch monatelang sagen sollte. Herr W. lag insgesamt über 6 Monate durchgehend auf Intensivstation. Hernach war er einige Wochen noch auf der Normalstation, bevor er in die Reha entlassen werden konnte. Nach einigen Monaten kam er in die Klinik zurück und zeigte sich. Er freute sich des Lebens und dass er wieder allein in seiner Wohnung leben kann.

Jesus lebte es in vorbildlicher Weise vor, dass Begleiter Geduld und Ausdauer haben sollten. Ungeduld ist destruktiv und belastet den Kranken nur unnötig.

2.3 Weiterer Trost aus dem NT

Hier soll Trost nur im Hinblick auf den Tod eines Menschen in den Blick genommen werden.

2.3.1 Paulusbriefe

Paulus besaß einen festen Glauben an die Auferstehung von den Toten. Dies bezeugte er z.B. vor dem Hohen Rat:

Brüder, ich bin Pharisäer und ein Sohn von Pharisäern; wegen der Hoffnung und wegen der Auferstehung der Toten stehe ich vor Gericht. (Apg 23,6)

und vor dem römischen Statthalter Felix:

Ich glaube an alles, was im Gesetz und in den Propheten steht, und ich habe dieselbe Hoffnung auf Gott, die auch diese hier haben: dass es eine Auferstehung der Gerechten und Ungerechten geben wird. (Apg 24,14f)

und erst recht in seinen Briefen:

Paulus, Knecht Christi Jesu, berufen zum Apostel, ausgesondert, das Evangelium Gottes zu verkünden, ... der dem Geist der Heiligkeit nach eingesetzt ist als Sohn Gottes in Macht seit der Auferstehung von den Toten, das Evangelium von Jesus Christus, unserem Herrn. (Röm 1,1.4)

Wenn wir nämlich mit der Gestalt seines Todes verbunden wurden, dann werden wir es auch mit der seiner Auferstehung sein. (Röm 6,5)

So ist es auch mit der Auferstehung der Toten. Was gesät wird, ist verweslich, was auferweckt wird, unverweslich. (1.Kor 15,42)

So hoffe ich, auch zur Auferstehung von den Toten zu gelangen. (Phil 3,11)

Brüder und Schwestern, wir wollen euch über die Entschlafenen nicht in Unkenntnis lassen, damit ihr nicht trauert wie die anderen, die keine Hoffnung haben. Denn wenn wir glauben, dass Jesus gestorben und auferstanden ist, so wird Gott die Entschlafenen durch Jesus in die Gemeinschaft mit ihm führen. (1.Thess 4,13f)

Paulus, Knecht Gottes und Apostel Jesu Christi, gemäß dem Glauben der Auserwählten Gottes und der Erkenntnis der Wahrheit, die der Frömmigkeit entspricht, in der Hoffnung auf das ewige Leben, das Gott, der nicht lügt, schon vor ewigen Zeiten verheißen hat. (Tit 1,1f)

Paulus kam zu dieser Überzeugung von der Auferstehung nicht nur durch seine Ausbildung zum Pharisäer[28] durch seinen Lehrer Gamaliel (Apg 22,3), sondern vor allem durch die Erscheinung des Auferstandenen vor den Toren von Damaskus:

> Unterwegs aber, als er sich bereits Damaskus näherte, geschah es, dass ihn plötzlich ein Licht vom Himmel umstrahlte. Er stürzte zu Boden und hörte, wie eine Stimme zu ihm sagte: Saul, Saul, warum verfolgst du mich? Er antwortete: Wer bist du, Herr? Dieser sagte: Ich bin Jesus, den du verfolgst. Steh auf und geh in die Stadt; dort wird dir gesagt werden, was du tun sollst! (Apg 9,3-6)

> Als ich nun unterwegs war und mich Damaskus näherte, da geschah es, dass mich um die Mittagszeit plötzlich vom Himmel her ein helles Licht umstrahlte. Ich stürzte zu Boden und hörte eine Stimme zu mir sagen: Saul, Saul, warum verfolgst du mich? Ich antwortete: Wer bist du, Herr? Er sagte zu mir: Ich bin Jesus, der Nazoräer, den du verfolgst. (Apg 22,6-8)

2.3.2 Offenbarung

Wie kaum ein anderes Buch der Bibel gewährt uns die Offenbarung des Johannes einen Blick in das Jenseits. So schrieb Johannes:

> Denn das Lamm in der Mitte vor dem Thron wird sie weiden und zu den Quellen führen, aus denen das Wasser des Lebens strömt, und Gott wird alle Tränen von ihren Augen abwischen. (Offb 7,17)

> Er wird alle Tränen von ihren Augen abwischen: Der Tod wird nicht mehr sein, keine Trauer, keine Klage, keine Mühsal. Denn was früher war, ist vergangen. (Offb 21,4)

Besonders dieser Vers von Offb 21,4 lässt groß hoffen. Es ist nicht nur eine Hoffnung auf die Auferstehung von den Toten und dem damit verbundenen Ende der Trauer (Tränen abwischen). Es ist auch das Ende aller irdischen Mühsal: weder Tod noch Not, weder Krankheit noch Schmerzen. Wir dürfen damit auf ewiglich währende paradiesische Zustände hoffen.

---

28 Pharisäer glaubten an die Auferstehung von den Toten, Sadduzäer hingegen nicht (Mt 22,23-33; Apg 23,6-8).

3 Biblischer Trost

3.1 Für Begleiter und Leidende

Es gibt Lebensweisheiten und Richtlinien Jesu, die für Leidende wie auch für Begleiter in gleicher Weise wichtig sind. Diese seien hier zusammengefasst.

3.1.1 Das wichtigste Gebot

Jesus wurde einmal gefragt, was das wichtigste Gebot sei. Bei der Frage nach dem wichtigsten Gebot stehen selbst die 10 Gebote hinten an, denn sonst wäre dieses Gebot nicht das wichtigste Gebot.

> Als die Pharisäer hörten, dass Jesus die Sadduzäer zum Schweigen gebracht hatte, kamen sie am selben Ort zusammen. Einer von ihnen, ein Gesetzeslehrer, wollte ihn versuchen und fragte ihn: Meister, welches Gebot im Gesetz ist das wichtigste? Er antwortete ihm: Du sollst den Herrn, deinen Gott, lieben mit ganzem Herzen, mit ganzer Seele und mit deinem ganzen Denken. Das ist das wichtigste und erste Gebot. Ebenso wichtig ist das zweite: Du sollst deinen Nächsten lieben wie dich selbst. An diesen beiden Geboten hängt das ganze Gesetz und die Propheten. (Mt 22,34-40 // Mk 12,28-34; Lk 10,25-28)

Die Wurzeln dieses wichtigsten Gebotes reichen weit zurück ins AT (Lev 19,18). Paulus betonte, dass das Gleichgewicht zwischen Nächstenliebe und Eigenliebe die Zusammenfassung des ganzen Gesetzes ist (Röm 13,9; Gal 5,14). Im Jakobusbrief wurde dies sogar als das „königliche Gesetz" bezeichnet (Jak 2,8).

Gut für sich selbst sorgen, als Leidender, wie auch als Begleiter. Das ist es, was wir aus diesem wichtigsten Gebot lernen können. „Psychohygiene" ist das moderne Wort, das man hierfür geschaffen hat.

Jeder möge sich täglich fragen, ob die Waage der Liebe bei ihm noch ausgewogen ist oder ob er in einer der beiden Schalen etwas einzufüllen hat.

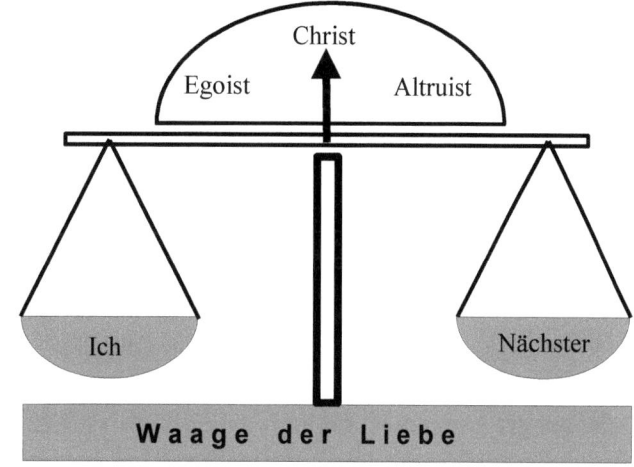

Als Leidender hat man in besonderer Weise das Recht, für die Dauer des Leids verstärkt auf sich zu sehen. Man könnte hier auch von einer Pflicht reden.

Begleiter seien auf Rettungskräfte (Feuerwehr, Bergwacht, Rettungsschwimmer, ...) verwiesen. Diese sind dazu verpflichtet, zunächst für die eigene Sicherheit zu sorgen, bevor sie beginnen, das Leben anderer Menschen zu retten. Niemand ist verpflichtet, das eigene Leben zu riskieren, um das Leben eines anderen Menschen zu retten. Dies ist ein Grundsatz, den alle Rettungskräfte als Erstes lernen, sozusagen als Fundament ihres späteren Handelns.

Daher ist allen Begleitern dieses wichtigste Gebot dringend ans Herz zu legen, auf den Leidenden zu blicken und in gleicher Weise auch auf sich. Es soll dem Leidenden und dem Begleiter möglichst gut gehen.

> Da sagte er zu ihnen: Kommt mit an einen einsamen Ort, wo wir allein sind, und ruht ein wenig aus! Denn sie fanden nicht einmal Zeit zum Essen, so zahlreich waren die Leute, die kamen und gingen. (Mk 6,31)

Es gibt auch im Leben von Begleitern Situationen, wo sie vor lauter Arbeit noch nicht einmal Zeit haben, zur üblichen Zeit zum Essen zu gehen. Die Not des Leidenden macht dies erforderlich. Doch wie Jesus sich mit seinen Jüngern danach an einen einsamen Ort zum Auszuruhen zurückzog, ist es wichtig, dass auch der Begleiter nach einer Überanstrengung sich zurückzieht und ausruht. Wenn er hierauf nicht achtet, läuft er Gefahr, dass er auf Dauer ins Burn-out gerät. Er ist dann ausgebrannt und wechselt damit vom Begleiter zum Leidenden. Dies ist auf jeden Fall zu vermeiden. Daher ist es wichtig, sich als Begleiter immer wieder das Bild der „Waage der Liebe" ins Bewusstsein zu rufen.

Theresa von Avila (1515-1582), Heilige und Kirchenlehrerin, war diese Psychohygiene offensichtlich auch sehr wichtig, denn sie warnte:

Wer nicht genießt,
wird ungenießbar.

3.1.2 „Müllhalde"

Als Leidender hat man Belastende, als Begleiter wird man nur damit konfrontiert. Auf der einen Station liegen Kinder im Sterben, auf der anderen Station wollen hochbetagte Menschen sterben und können nicht sterben. Es stellt sich die Frage, warum Gott die Gebete nicht erhört, warum es Leid in der Welt gibt.

Daneben gibt es auch die eigene Ohnmacht, die eigene Betroffenheit, die eigene Trauer, die eigene Wut. Hier ist es gut, wenn man eine „Müllhalde" hat, bei der man all diesen „Müll" abladen kann. Jesus bietet sich als eine solche Müllhalde an:

Kommt alle zu mir, die ihr mühselig und beladen seid! Ich will euch erquicken. (Mt 11,28)

Das Belastende muss nicht nur Schuld und Scham über die eigenen Untaten sein, es können auch die erfahrenen Enttäuschungen oder gar seelischen Verletzungen durch einen Menschen sein. Letzteres wiegt um so schwerer, wenn es sich dabei um einen Familienangehörigen handelt, z.B. bei Erbstreitigkeiten, oder der mobbende Arbeitskollege oder der nervige Nachbar.

So manche Gläubigen bringen das Belastende ihres Lebens vor Gott, doch bevor sie wieder weitergehen, nehmen sie ihr Päckchen wieder auf und tragen ihre Last weiter mit. Sie nehmen im Grunde das Angebot Gottes nicht an, das Belastende bei Gott zu lassen, um es ihm zu übergeben. Eine alte Tradition der Jakobspilger hingegen lässt uns Menschen dieses Angebot Gottes sehr anschaulich erfahren:

Es ist eine bis ins Mittelalter zurückreichende Tradition, dass der Jakobspilger von Zuhause einen Stein mitnimmt. Die Größe des Steins spielt dabei keine Rolle. Diesen Stein nimmt der Jakobspilger täglich zur Hand und legt in diesen Stein alles Schwere und Belastende seines Lebens hinein, sodass der Stein über die Wochen der Wallfahrt zur Verkörperung von allem Schweren und Belastenden wird. Etwa 240 km vor Santiago de Compostela ist die 1.500 m hohe Passhöhe Rabanal. Dort legt der Pilger seinen Stein unter einem einfachen Eisenkreuz ab, ganz im Sinne der o.g. Jesuworte und geht erleichtert weiter. Er hat in der Tat alles Schwere und Bedrückende Gott übergeben.

Um diese Erfahrung zu machen, muss man nicht bis nach Santiago pilgern. Dies kann man im Grunde mit jeder anderen religiösen Stätte auch machen. Wichtig ist nur, dass man alles Schwere und Bedrückende seines Lebens in einen Stein hineinlegt und diesen dann irgendwo ablegt, um ihn damit Gott zu übergeben.

3.1.3 „Tankstelle"

In gleicher Weise ist es für jeden Leidenden und jeden Begleiter wichtig, dass auch er seine „Tankstellen" hat, an denen er auftanken kann. Oft genug braucht man emotionale Kraft und Geduld für die Begleitung. Auch hierfür bietet die Bibel Hilfestellung:

Dann legte Elija sich unter den Ginsterstrauch und schlief ein. Doch ein Engel rührte ihn an und sprach: Steh auf und iss! Als er um sich blickte, sah er neben seinem Kopf Brot, das in glühender Asche gebacken war, und einen Krug mit Wasser. Er aß und trank und legte sich wieder hin. Doch der Engel des HERRN kam zum zweiten Mal, rührte ihn an und sprach: Steh auf und iss! Sonst ist der Weg zu weit für dich. Da stand er auf, aß und trank und wanderte, durch diese Speise gestärkt, vierzig Tage und vierzig Nächte bis zum Gottesberg Horeb. (1.Kön 19,5-8)

Auch wenn der Gewaltmarsch von 40 Tagen und 40 Nächten – die Zahl 40 ist eine Symbolzahl, die in der Bibel häufig vorkommt -, eine literarische Übertreibung ist, so macht die Geschichte doch deutlich, dass man sich stärken muss, bevor man große Leistung erbringen will.

Ich bin das Brot des Lebens; wer zu mir kommt, wird nie mehr hungern, und wer an mich glaubt, wird nie mehr Durst haben. (Joh 6,35)

Wer durstig ist, den werde ich unentgeltlich aus der Quelle trinken lassen, aus der das Wasser des Lebens strömt. (Offb 21,6)

Wer durstig ist, der komme! Wer will, empfange unentgeltlich das Wasser des Lebens! (Offb 22,17)

Wir haben die Möglichkeit, immer wieder unentgeltlich bei Gott „aufzutanken". Dies kann auf den unterschiedlichsten Wege und in verschiedenen Formen geschehen: Mitfeiern der Eucharistie, Gebet, Gesang, Meditation, Lesen der Heiligen Schrift, Bibelteilen und religiöse Gespräche.

Jede gelebte Form der Gottesbeziehung
kann uns zu einer Kraftquelle werden.

Altruistisch erzogene Begleiter kennen nur die Gottesliebe und die Nächstenliebe. So kommt z.B. im Katechismus der katholischen Kirche (KKK) das Wort „Nächstenliebe" 41 Mal vor, „Eigenliebe" hingegen nur in KKK 1045 (Eigenliebe ist Sünde) und KKK 2281 (Selbstmord ist mangelnde Eigenliebe), „Selbstliebe" nur in KKK 1850 (Sünde ist gesteigerte Eigenliebe). - Verstärkt wird dieser Altruismus durch die Idealisierung einiger Heiligen in der Liturgie:

- Maria Magdalena von Pazzi (25.5.) im Tagesgebet
  „Du hast die heilige Maria Magdalena von Pazzi mit deiner Liebe erfüllt, so dass sie sich als Ordensfrau in Werken der Buße und im Dienst an den Menschen verzehrte. Hilf uns, ihr Beispiel zu begreifen und die Lauterkeit ihrer Liebe nachzuahmen."

- Johannes Maria Vianney (4.8.) im Tagesgebet
  „du hast dem heiligen Pfarrer von Ars die Geduld und Sorge eines guten Hirten gegeben, der sich für das Heil seiner Mitmenschen verzehrt."

- Franz Xaver (3.12.) im Schlussgebet:

„Gütiger Gott, das Opfer deines Sohnes entzünde in uns die Glut der Liebe, die den heiligen Franz Xaver ergriffen hat; so dass er sich für das Heil der Seelen verzehrte."

Die Gläubigen sollen sich solchen Vorbildern folgend für Gott und den Glauben verzehren lassen. Dies birgt eine große Gefahr zum Burn-out. Passend zu diesem Bild und gleichzeitig gefährlich sind die Worte von Kirchenvater Augustinus von Hippo (354-430):

> In dir muss brennen,
> was du in anderen entzünden willst.

Diese Worte sind absolut richtig. Die ihnen innewohnende Gefahr ist, dass man nicht für genügend „Brennstoff" sorgt, damit das Feuer auch dauerhaft brennen kann. Man muss immer so viel „Brennstoff" nachlegen, wie verbrannt wurde, man muss immer wieder rechtzeitig auftanken, bevor der Tank leer ist und man im Burn-out endet.

Altruisten haben jedoch das Verzehren gelehrt bekommen und so sehr verinnerlicht, dass sie gar nicht wissen, wie Auftanken geschehen kann, selbst wenn sie es wollten. Für diese Altruisten sei auf Märchen mit einer guten Fee verwiesen: Wenn man einer guten Fee begegnet, hat man drei Wünsche frei. Frieden auf Erden ist zwar ein edler Wunsch, kann jedoch von der guten Fee nicht erfüllt werden, weil dieser Wunsch die wichtige Klausel, die an diesen Wunsch geknüpft ist, nicht erfüllt. Diese Klausel lautet, dass der Wunsch nur für einen selbst ist. - Doch wie soll man lernen, was man sich wünscht, wenn es einem nie vermittelt wurde? Hierzu folgende Geschichte:

Drei Blondinen begegnen einer guten Fee. Da es drei Blondinen sind, hat jeder der drei einen Wunsch frei. Die Erste: „Ich hätte gerne noch längere und noch blondere Haare." Die gute Fee schnippte mit dem Finger, und die Blondine hatte. Die Zweite: „Ich hätte gerne noch längere und noch schlankere Beine." Die gute Fee schnippte mit dem Finger, und die Blondine hatte. Die Dritte: „Ich wäre gerne noch etwas dümmer." Die gute Fee schnippte mit dem Finger, und die Blondine war ein Mann.

Es geht in dieser Geschichte weder gegen Blondinen noch gegen Männer, sondern um die Verdeutlichung, dass die drei Wünsche nur für einen selbst sind.

Viele Menschen, die ich nach ihren drei Wünschen gefragt habe, antworteten mir, dass sie sich wünschen, dass es ihren Kindern gut geht. Dabei waren die Kinder meist schon erwachsen. Die Fürsorge um die eigenen Kinder ist jedoch geblieben. Diese Menschen haben nicht gelernt, bei der Frage um das Wohlergehen neben dem Blick auf die anderen Menschen den Blick auch auf sich zu lenken. Doch gerade hierum geht es bei der Beachtung dieses wichtigsten Gebotes.

Nun kann man sich fragen, wie oft man sich denn etwas wünschen darf. Hierzu sei auf das Vater-unser-Gebet verwiesen, das Jesus seinen Jüngern zu beten gelehrt hatte (Mt 6,9-13; Lk 11,2-4). Darin heißt es:

Unser tägliches Brot gib uns heute.

Brot soll nicht nur als Nahrung des Körpers verstanden werden, sondern auch als „Brennstoff" für unsere Seele, damit wir uns nicht verzehren und damit ausbrennen, sondern täglich wieder die Menge auftanken, was verbrannt ist. Damit stellen wir sicher, dass wir auch in Zukunft unvermindert brennen und nicht ausbrennen.

Wer sich mit dem täglichen Brot und dem Brennstoff in der Umsetzung schwer tut, dem sei eine andere Formulierung ans Herz gelegt:

Unsere tägliche Freude gib uns heute.

Leidende und Begleiter dürfen sich diese tägliche Freude nicht nur von Gott erbitten, sie dürfen aktiv – ganz im Sinne des wichtigsten Gebotes (s.o.) - selbst etwas dafür tun, dass sie sich täglich freuen können. Dies soll mit gutem Gewissen geschehen. Daher können sich Leidende und Begleiter auch den Spruch aneignen:

Heute gönne ich mir etwas Gutes.

3.2 Gedanken zur Liturgie

3.2.1 Klage in der Liturgie

Begründung

Es ist durchaus sinnvoll, Klage als festen Bestandteil in die Liturgie einzubauen. Die hierfür sprechenden Gründe sind vor allem:

- Vielfalt der Gebetsformen

  Das Zweite Vatikanische Konzil hat in SC 51 beschlossen: „Auf daß den Gläubigen der Tisch des Gotteswortes reicher bereitet werde, soll die Schatzkammer der Bibel weiter aufgetan werden, so daß innerhalb einer bestimmten Anzahl von Jahren die wichtigsten Teile der Heiligen Schrift dem Volk vorgetragen werden."

  In Anlehnung an diese Forderung soll mit der Einführung der Klage als fester Bestandteil in der Liturgie die Schatzkammer der biblischen Gebetsformen weiter geöffnet werden.

- Wiederbelebung der Klage

  Klage ist eine im AT in Klagepsalmen und Klageliedern übliche Gebetsform. Diese Gebetsform ist in Vergessenheit geraten. Dabei gibt es immer wieder Lebenssituationen, in denen Klage angebracht und gerechtfertigt ist. Da die Klage in Vergessenheit geraten ist, haben viele Klagende ein schlechtes Gewissen. Durch die Wiederbelebung der Klage als fester liturgischer Bestandteil würde den Klagenden dieses schlechte Gewissen genommen werden.

- Leidende fühlen sich beheimatet

  Menschen, die momentan schweres Leid getroffen hat, fühlen sich anhand der praktizierten liturgischen Gebetsformen (Lob, Preis, Bitte und Dank) mit ihrer Lebenssituation oft nicht angesprochen. Da ihnen der Gottesdienst nichts gibt, bleiben sie ihm fern. Die feste Installierung der Klage in die Liturgie könnte Leidenden eine Heimat in der Liturgie geben.

Leidende und damit Klagende gab es nicht nur zur biblischen Zeit, sie gibt es auch heute und es wird sie auch weiterhin geben, solange die Menschheit existiert. Hierzu ein Beispiel:

Am Freitag, den 22.12.2017, arbeitete ich in meinem Büro, das nur durch eine dünne Wand vom Raum der Klinikkapelle getrennt ist. Plötzlich hörte ich laute Stimmen. Ich verstand zwar kein Wort, aber der Klang der Stimmen ließ auf einen Streit schließen. Ich ging daher in die Kapelle. Dort stritt tatsächlich ein Ehepaar, beide Mitte 50. An der Infusionsnadel am Unterarm konnte ich sofort erkennen, dass sie die Patientin ist. Das Ehepaar erklärte mir, dass sie einfach einen Ort brauchten, wo sie ihre aktuelle Situation klären konnten. Ich lud sie zur weiteren Klärung in mein Büro ein. Im normalen Umgangston erfuhr ich dann, dass sie Leukämie hat und er heute, zwei Tage vor Heiligabend, erfuhr, dass er an Darmkrebs erkrankt ist. Mit dieser Situation war das Ehepaar überfordert. Ich konnte zwar keine Heilung bewirken, aber ihnen im Umgang mit ihren beiden schweren Erkrankungen helfen. Sie verließen schließlich das Büro händehaltend.

Zusammenfassend lässt sich aus der Tätigkeit der Klinikseelsorge sagen, dass hinter jeder Tür eines Patientenzimmers ein Grund zur Klage liegt. Man findet aber auch andernorts Klagende.

Platzierung

Bei der Einführung der Klage als festen Bestandteil der Liturgie stellt sich die Frage, an welcher Stelle sie im Ablauf der Liturgie einen guten Platz hat. Hierbei wären verschiedene Stellen vorstellbar:

- Zwischen Begrüßung und Kyrie

  Nach dem Grundsatz „Störungen haben Vorrang" sollten die Klagen liturgisch am Anfang stehen. Dies würde den Platz zwischen Begrüßung und Kyrie als angemessen erscheinen lassen.

- Zwischen Kyrie und Gloria/Tagesgebet

  Kyrie ist ein Akt der kultischen Reinigung, um reinen Herzens vor Gott zu treten. Im Islam erfolgt dies noch außerhalb der Moschee am Reinigungsbrunnen. Die Klage ist jedoch ein berechtigtes Anliegen, das Gott vorgetragen wird. Daher sollte das Klagen nach dem Kyrie erfolgen.

- Zwischen Credo und Fürbitten

  Es wären die Klagen auch zwischen Credo und Fürbitten vorstellbar. Bevor die Gläubigen sich mit ihren Bitten an Gott wenden, können sie sich durch die Klagen noch Luft verschaffen.

Andere Plätze im Ablauf der Liturgie sind für die Klagen vorstellbar, erscheinen jedoch als wenig sinnvoll. Von den hier genannten drei Stellen dürften die Klage zwischen Kyrie und dem Gloria/Tagesgebet am sinnvollsten sein.

Hinführung

Klage ist für viele Gläubige noch ungewohnt. Daher ist es bei der Einführung der Klage als fester Bestandteil in die Liturgie wichtig, dass in den ersten Jahren die Gläubigen mit zielführenden Einleitungen gut zu den Klagen hingeführt werden.

Dabei sollten die Gläubigen darauf hingewiesen werden, dass es mit der Einführung der Klagen als festen Bestandteil der Liturgie im Grunde um eine Reaktivierung einer biblischen Gebetsform handelt, die in den letzten Jahrhunderten in Vergessenheit geraten ist. Da es jedoch immer Grund gibt, seine Klagen vor Gott zu bringen, soll die Klage in der Liturgie wiederbelebt werden. Beispiele solcher Hinführungen könnten sein:

Herr, unser Gott, dein Sohn Jesus Christus klagte am Kreuz, „Mein Gott, mein Gott, warum hast du mich verlassen?" Heute kommen wir mit unseren Klagen zu dir:

oder

Klagepsalmen und Klagelieder zeigen uns, dass wir auch mit unserer Wut und unserem Zorn zu dir, o Gott, kommen dürfen. So klagen wir heute:

oder

Ijob wollte mit dir, o Gott, einen Rechtsstreit führen und wurde letztlich gesegnet. Heute tragen wir unsere Klagen vor:

oder

Jakob hat mit Gott gerungen und wurde schließlich gesegnet. Auch wir ringen zuweilen mit Gott, so auch damit:

Es wird an diesen Beispielen deutlich, dass bei jeder Hinführung zur Klage die Brücke von der biblischen Vergangenheit zur Gegenwart geschlagen wird. Dies wird für die Einführungszeit der ersten Jahre für wichtig erachtet, bis die Klage in der Liturgie selbstverständlich geworden ist. Mit diesem Brückenschlag soll den Gläubigen aufgezeigt werden, dass hier nichts Neues geschaffen wurde, sondern dass damit nur eine biblische Gebetsform wieder aktiviert wird.

Beispiele der Klagen

Wie solche Klagen liturgisch aussehen könnten, soll nachfolgend aufgezeigt werden:

- *Während alte Menschen darum bitten, sterben zu dürfen, müssen Kinder sterben.*

- *Während die Menschen in Kriegen sterben, befinden die Verantwortlichen in Sicherheit.*

- *Während sich die Menschen nach Frieden sehnen, wird zum Krieg gerüstet.*

- *Während viele Menschen hungern und verhungern, vernichten einige Menschen ihre Lebensmittelüberschüsse.*

- *Während einige Menschen sich um den Erhalt der Schöpfung bemühen, steuert die Mehrzahl blind auf eine globale Umweltkatastrophe zu.*

Oder:

- *Naturkatastrophen fordern immer wieder Menschenleben.*

- *Krankheiten raffen auch junge Menschen und Kinder hin.*

- *Dürre führt zu Missernten und diese zu Hungersnöten.*

- *Unglücke und Unfälle führen zu Toten und Verletzten.*

- *Unsere Gesellschaft wird roher und brutaler.*

Als Antwortruf, ähnlich wie bei den Fürbitten, ist vorstellbar:

Erhöre unsere Klagen.

Oder:

Gott, wir rufen zu dir.

3.2.2 Trost-Weihnacht

Weihnachten ist das Fest der Familie, das Fest des Friedens, das Fest der heilen Welt. Doch für Trauernde, die um einen verstorbenen Menschen trauern, ist es neben dem Jahrestag des Todes die schwerste Zeit des Jahres. An Weihnachten wird die vom Verstorbenen hinterlassene Lücke besonders schmerzlich empfunden.

Aus diesem Grunde ist es äußerst tröstlich, wenn an den Tagen zwischen Weihnachten und Sylvester ein eigener Gottesdienst für Trauernde angeboten wird.

In vielen Gemeinden werden am Ende des Jahres die Namen aller in diesem Jahr verstorbenen Gemeindemitglieder vorgelesen. Dies ist löblich, da es den Hinterbliebenen ein tröstliches Zeichen ist, dass der Verstorbenen gedacht wird.

Um den Trauernden an diesem Gottesdienst auch die Möglichkeit zu geben, selbst aktiv zu werden und das zu tun, wovon sie sich Trost und Hilfe erhoffen, wurde der Gottesdienst der Trost-Weihnacht erarbeitet. Der volle Ablauf steht im Internet als PDF-Datei zum kostenlosen Download bereit unter:

http://schaefer-sac.de/wiki/index.php/TG

Aufbau

Der Aufbau der Trost-Weihnacht ist symmetrisch mit dem Hauptteil „Stationen" in der Mitte. Von der Begrüßung an werden die Trauernden bewusst schrittweise in die Trauer hinabgeführt, damit sie bei den „Stationen" ganz in ihrer Trauer sind.

	Begrüßung		Entlassung	
↓	Recht auf Trauer		Recht auf Leben	↑
↓	Klagepsalm 22		Trostpsalm 23	↑
↓	Weihnachtsgeschichte		Fürbitten	↑
(Trauer)	**Stationen**		(Trauer)	

Tab. 1 – Aufbau der Trost-Weihnacht

Nachdem die Trauernden bei den „Stationen" ihrer Trauer sehr nahe waren, werden sie zur Entlassung hin schrittweise wieder dem Leben zugeführt.

Damit erleben die Trauernden liturgisch dies, was sie im Alltag erleben: Es gibt Ereignisse, die sie in die Trauer hinabrutschen oder gar hinabstürzen lassen. Oft ist es für die Trauernden schwer, aus diesem Loch/Tief – es wird wirklich so empfunden – aus eigener Kraft wieder herauszukommen.

Bei dieser Trost-Weihnacht werden die Trauernden behutsam in die Trauer hinabgeführt und auch wieder ins Leben zurückgeholt. Damit Trauernde nicht in der Trauer verbleiben, besteht anschließend noch das Angebot des Zusammensitzens mit einem Gesprächsangebot.

Stationen

Die „Stationen" stellen den Hauptteil des Gottesdienstes dar. Dabei haben die Trauernden 20-30 Minuten Zeit, um zu den Stationen zu gehen, von denen sie sich angesprochen fühlen, von denen sie sich Trost und Hilfe erhoffen:

- Brief an Gott

- Brief an den Verstorbenen

- in der Gegenwart der Verstorbenen

- vor der Krippe

- Belastendes abwaschen lassen

- ungeweinte Tränen weinen

- vor einer Pietà

- Leid anderer Menschen

- Halt finden

- Segen empfangen

- Werkstatt

Rückmeldungen haben gezeigt, dass besonders die freie Auswahl an Stationen als äußerst tröstlich empfunden wurde. Die Trauernden konnten, ihren eigenen Bedürfnissen entsprechend, etwas für ihre Trauerarbeit tun. Sie lobten diese interaktive Form des Gottesdienstes.

Über die Jahre gemachte Beobachtungen zeigen, dass 60-80% der Trauernden zunächst zu Papier und Bleistift gegriffen haben. Dies zeigt, wie groß das Bedürfnis ist, Gott oder dem Verstorbenen eine Nachricht zukommen zu lassen.

Nachsorge

Bei der Trost-Weihnacht werden die Trauernden bewusst in die Tiefen ihrer Trauer hineingeführt. Zwar sieht der Aufbau der Liturgie vor, dass sie langsam wieder dem Leben zugeführt werden, insbesondere mit dem Psalm 23, der Zusage auf „Recht zum Leben" und dem abschließenden Segen, doch es kann sein, dass einzelne

Trauernde noch immer tief in der Trauer feststecken. Sie brauchen Nachsorge.

Aus diesem Grunde wurden nach diesen Trost-Gottesdiensten[29] die Trauernden immer zu einem gegenseitigen Austausch bei Tee und Gebäck eingeladen. Dabei wurde darauf geachtet, dass die in der Liturgie mitwirkenden Personen nicht zusammen-sitzen. Damit hatten möglichst viele Trauernde die Möglichkeit, ein kurzes Gespräch mit einem der Begleiter zu führen.

3.2.3 Kurze Sätze

Tröstlich wirkt alles, was entlastet.

Der Umkehrschluss lautet: „Kein Trost ist alles, was belastet." Diese Erkenntnis zog ich aus den Online-Umfragen unter verwaisten Eltern, deren Kind während der Schwangerschaft starb.

In der Liturgie sind lange Sätze eine Belastung, da sie hohe Konzentration erfordern. Man sollte bei Schachtelsätzen am Ende noch wissen, was am Anfang gesagt wurde. Auch sollte man noch sämtliche Nebensätze im Gedächtnis haben. Für Trauernde ist dies eine echte Belastung. Damit verliert der gute Inhalt durch die Überlänge der Sätze seine tröstende Wirkung.

Einen tröstlichen kurzen Satz können sich die Leidenden merken. Er kann ihnen auch über die Liturgie hinaus noch Trost spenden. Ein Schachtelsatz ist kaum zu merken. Er hat keine Chance, über die Liturgie hinaus tröstend zu wirken.

Aus diesem Grunde sollte man sich bei der Abfassung von liturgischen Texten für Leidende um kurze Sätze bemühen. Das Markus-Evangelium ist hierzu ein gutes Lehrbuch. Es hat kurze prägnante Sätze. Diese kommen Leidenden sehr entgegen. Kurze Sätze entlasten, weil sie vom Zuhörer keine große Aufmerksamkeit erfordern.

3.2.4 Segen an die Hinterbliebenen

Meist hat man beim Sterben den Sterbenden im Blick. Das AT kennt jedoch Beispiele, bei denen die Bleibenden in den Blick genommen werden, sogar vom Sterbenden selbst gesegnet werden. Dies wird ganz besonders am Segen deutlich, den Jakob für seine Söhne erbittet (Gen 49,1-27):

---

29 In Karlsruhe bot ich von 2009 bis 2014 neben der Trost-Weihnacht am 26.12. jeden Jahres auch jährlich am Palmsonntag und am Sonntag nach dem 02.11. einen vom Aufbau gleichen Trost-Gottesdienst eigens für Eltern an, die um ein verstorbenes Kind trauern. Auch dort gab es danach das Angebot des anschließenden Zusammensitzens.

Darauf rief Jakob seine Söhne und sprach: Versammelt euch, dann sage ich euch an, was euch begegnet in künftigen Tagen. Kommt zusammen und hört, ihr Söhne Jakobs, hört auf Israel, euren Vater!

Ruben, mein Erstgeborener bist du, meine Stärke, der Erste meiner Manneskraft, übermütig an Stolz, übermütig an Kraft, überschäumend wie Wasser. Der Erste sollst du nicht bleiben. Denn du hast das Bett deines Vaters bestiegen; du hast damals mein Lager entweiht.

Simeon und Levi, die Brüder, Werkzeuge der Gewalt sind ihre Messer. Zu ihrem Kreis mag ich nicht gehören, mit ihrer Rotte vereinige sich nicht meine Ehre. Denn in ihrem Zorn brachten sie Männer um, mutwillig lähmten sie Stiere. Verflucht ihr Zorn, da er so heftig, verflucht ihr Grimm, da er so roh. Ich teile sie unter Jakob auf, ich zerstreue sie unter Israel.

Juda, dir jubeln die Brüder zu, deine Hand hast du am Genick deiner Feinde. Deines Vaters Söhne werfen sich vor dir nieder. Ein junger Löwe ist Juda. Vom Raub, mein Sohn, stiegst du auf. Er kauert, liegt da wie ein Löwe, wie eine Löwin. Wer bringt sie zum Aufstehen? Nie weicht von Juda das Zepter, der Herrscherstab von seinen Füßen, bis Schilo kommt, dem der Gehorsam der Völker gebührt. Er bindet an den Weinstock seinen Eselhengst, an die Edelrebe das Füllen seiner Eselin. Er wäscht in Wein sein Kleid, in Traubenblut sein Gewand. Dunkler als Wein sind die Augen, seine Zähne weißer als Milch.

Sebulon wohnt am Gestade der Meere, am Gestade der Schiffe, mit seinem Rücken nach Sidon hin.

Issachar ist ein knochiger Esel, lagernd zwischen den Hürden. Er sieht, wie die Ruhe so schön ist und wie lieblich das Land; da neigt er die Schulter als Träger und wird zum fronenden Knecht.

Dan schafft Recht seinem Volk wie nur einer von Israels Stämmen. Zur Schlange am Weg wird Dan, zur zischelnden Natter am Pfad. Sie beißt das Pferd in die Fesseln, sein Reiter stürzt rücklings herab. Auf deine Hilfe hoffe ich, HERR.

Gad, ins Gedränge drängen sie ihn, doch er bedrängt ihre Ferse.
Ascher, fett ist sein Brot. Königskost liefert er.

Naftali, eine flüchtige Hirschkuh, versteht sich auf gefällige Rede.

Ein junger Fruchtbaum ist Josef, ein junger Fruchtbaum am Quell, dessen Zweige an der Mauer emporsteigen. Man erbittert und beschießt ihn, Schützen stellen ihm nach. Sein Bogen sitzt sicher; gelenkig sind Arme und Hände. Von den Händen des Starken Jakobs, von dort kommt ein Hirt, Israels Stein, vom Gott deines Vaters, er wird dir helfen. El-

Schaddai, er wird dich segnen mit Segen des Himmels von droben, mit Segen tief lagernder Urflut, mit Segen von Brust und Schoß. Deines Vaters Segen übertrifft den Segen der uralten Berge, das Verlangen der ewigen Hügel. Er komme auf Josefs Haupt, auf das Haupt des Geweihten der Brüder.

Benjamin ist ein reißender Wolf: Am Morgen frisst er den Raub, am Abend teilt er die Beute.

Bekannter ist der ältere Erstlingssegen Isaaks an Jakob:

Er trat näher und küsste ihn. Isaak roch den Duft seiner Gewänder, er segnete ihn und sagte: Siehe, mein Sohn duftet wie das Feld, das der HERR gesegnet hat. Gott gebe dir vom Tau des Himmels, vom Fett der Erde, viel Korn und Most. Völker sollen dir dienen, Nationen sich vor dir niederwerfen. Sei Herr über deine Brüder. Die Söhne deiner Mutter sollen dir huldigen. Verflucht, wer dich verflucht. Gesegnet, wer dich segnet. (Gen 27,27-29)

Sterbende erleben den Tod. Trauernde müssen mit diesem Tod leben. Beim Sterbesegen haben wir den Sterbenden im Blick, der nun von uns geht. Für ihn erbitten wir mit dem Segen von Gott her alles Gute. Doch wo bleiben die Trauernden, die nun von dem Sterbenden Abschied nehmen müssen?

Eine einfache Maßnahme wäre, die Liturgie des Sterbesegens mit dem persönlichen Segen an den Sterbenden mit einem allgemeinen Segen speziell für die Trauernden abzuschließen.

Der allmächtige Gott segne euch mit all seinen Engeln.
Der Engel des Trostes trockne eure Tränen.
Der Engel der Stärke richte euch wieder auf.
Der Engel der Zuversicht schenke euch wieder Vertrauen.
Der Engel der Hoffnung führe euch wieder dem Leben zu.
Der Engel der Liebe umfasse euch von allen Seiten.
Der Engel des Glaubens führe euch zum Wiedersehen in Gottes Reich.
Dazu segne euch der dreieinige Gott,
der Vater † und der Sohn und der Heilige Geist.

In der Sterbestunde nach biblischem Vorbild einen Segen des Sterbenden an die Trauernden zu praktizieren macht nur Sinn, wenn dies ein inneres Bedürfnis des Sterbenden ist. Wenn hingegen auf diese Möglichkeit erst in der Sterbestunde hingewiesen wird, wirkt es aufgesetzt und es wird verkrampft. Daher ist es wichtig, die Menschen im Vorfeld des Sterbens auf die Möglichkeit hinzuweisen, dass Sterbende die Trauernden segnen können.

3.3 Wichtiges

3.3.1 Umgang mit Bibelstellen

Es genügt für die praktische Seelsorge nicht, dass man verschiedene Bibelstellen kennt, die tröstlich wirken können. Man muss auch um die rechte Anwendung und um mögliche Fallstricke wissen.

> Euer Herz lasse sich nicht verwirren. Glaubt an Gott und glaubt an mich! Im Haus meines Vaters gibt es viele Wohnungen. Wenn es nicht so wäre, hätte ich euch dann gesagt: Ich gehe, um einen Platz für euch vorzubereiten? Wenn ich gegangen bin und einen Platz für euch vorbereitet habe, komme ich wieder und werde euch zu mir holen, damit auch ihr dort seid, wo ich bin. (Joh 14,1-3)

Es ist zwar ein schönes Bild, dass Gott für uns alle eine Wohnung bereitet hat, aber es ist gefährlich zu sagen, dass Gott diesen Menschen jetzt hat sterben lassen. Dies kann dazu führen, dass die Menschen den Eindruck gewinnen, dass Gott diesen Tod bewirkt hat, dass Gott ein Mörder ist. Daher ist es wichtig, einen solchen Eindruck erst gar nicht entstehen zu lassen. Aus diesem Grunde könnte am Totenbett etwa in dieser Weise gebetet werden:

> *Herr, unser Gott. Dein Sohn Jesus Christus hat zu seinen Jüngern gesagt: „Ich gehe, um euch eine Wohnung zu bereiten. Wenn ich euch eine Wohnung bereitet habe, werde ich wiederkommen und euch zu mir holen, damit auch ihr dort seid, wo ich bin." Heute ist N. N. gestorben. Wir bitten dich. Nimm ihn/sie auf in deine himmlische Herrlichkeit und lasse ihn/sie in deiner Liebe geborgen sein, bis wir alle vereint sind in deinem Reich. Hierzu lasst uns beten, wie Jesus schon seine Jünger zu beten gelehrt hat: Vater unser, ...*

Es sollte an das biblische Zitat angelehnt nicht gebetet werden, „Heute hast du N. N. zu dir geholt." Kein Mensch stirbt, weil Gott ihn zu sich holt, sondern vielmehr, weil jemand gestorben ist, bitten wir Gott, den Verstorbenen zu sich zu holen.

Wichtig ist, dass hier nicht Ursache und Wirkung/ Anliegen verwechselt wird. Der Tod ist ein natürliches Ereignis, das irgendwann alles Lebende betrifft. Gott hat zu diesem allgemeinen Tod Ja gesagt. Gott schickt jedoch nicht den Tod zu dem betroffenen Menschen. Der Tod jedes einzelnen Menschen ist ein natürliches Ereignis, was allem Lebenden gemeinsam ist. Weil jemand gestorben ist, bitten wir Gott, den Verstorbenen zu sich zu holen.

Lebenszeit

Einige Menschen meinen, dass unsere Lebenszeit vorherbestimmt sei. Diese Menschen leben mit der Vorstellung, dass Gott ein Buch habe, in dem die Lebenszeit eines jeden Menschen verzeichnet sei. Diese Vorstellung ist hauptsächlich beim Tod von Kindern, Jugendlichen und jungen Erwachsenen zu hören. Hierzu gilt es zu bedenken:

Wenn diese Annahme richtig wäre, dürften wir keinen Mörder verurteilen, weil er ja nur das umgesetzt hat, was in Gottes Buch steht. Ein Mörder wäre damit ein Mitarbeiter Gottes, der dafür sorgt, dass umgesetzt wird, was in Gottes Buch steht.

Weil eine derartige Vorstellung absurd ist, kann es keine vorgesetzte Lebenszeit geben. Niemand weiß vorher, wann jemand sterben wird. Ein deutliches Beispiel hierfür sind die Menschen, die sich ernsthaft das Leben nehmen wollten und dennoch gerettet wurden.

Es ist nicht Sinn dieses Buches, bei allen Bibelstellen die Fallstricke aufzuzeigen, die bei der Anwendung der Bibel zu beachten sind. Es soll an dieser Stelle genügen, auf die Gefahr hinzuweisen. Es genügt nicht, zu sagen, es steht in der Bibel und daher muss es jetzt in dieser konkreten Situation gut sein. Vielmehr kommt es darauf an, welche Botschaft bei der Anwendung der entsprechenden Bibelstelle vermittelt wird. Zur Verdeutlichung dessen diese frei nacherzählte Geschichte:

Ein junger Mann kam von einer Evangelisierungsmission voller Begeisterung mit einer Bibel nach Hause und nahm sich vor, täglich nach dem Aufstehen einen Vers aus der Bibel im „Blindflug" auszuwählen. Der Spruch, auf den der Finger zeige, solle für den ganzen Tag sein Leben bestimmen. So nahm er am nächsten Morgen die Bibel, schloss die Augen und ließ die Blätter durchsausen. Plötzlich streckte er den Finger hinein und stieß auf Mt 27,5:

„Da warf er die Silberstücke in den Tempel; dann ging er weg und erhängte sich."

Das war sicherlich Anfängerpech. Mit etwas Übung werde dies schon besser klappen. So schloss er wieder die Augen, ließ die Blätter durchsausen, steckte wieder den Finger hinein und stieß auf Lk 10,37:

„Dann geh und handle genauso!"

Da schluckte er schwer. Das konnte wirklich nicht stimmen. Das könne Gott doch nicht ernstlich von ihm verlangen. Er wolle es noch ein drittes Mal versuchen. Schloss die Augen, ließ die Blätter durchsausen und steckte den Finger hinein. Diesmal zeigte er auf Jes 15,9:

„Was er tun will, das tue er schnell; er soll sich beeilen."

Nach diesem Versuch legte er die Bibel zur Seite und fasste sie nie wieder an.
Er hat daher auch nie begriffen, wie die Bibel richtig zu lesen ist. (unbekannt)

Diese Geschichte zeigt deutlich: Es genügt nicht nur, eine Reihe von Bibelstellen zu kennen, man sollte sie auch in rechter Weise zu handhaben wissen.

3.3.2 Umgang mit Leid

Die Bibel zeigt auf, dass man mit erfahrenem Leid sehr unterschiedlich umgehen kann. Allein schon König David zeigte beim Tod seiner Kinder sehr unterschiedliche Reaktionen.

Doch nicht nur die Reaktionen der Leidenden sind sehr unterschiedlich, sondern auch, was die Leidenden als Trost brauchen, ist sehr verschieden. Hinzu kommt, dass das, was sie sich noch gestern als Trost wünschten, heute nicht mehr Trost sein muss. Es kann heute etwas ganz Anderes gewünscht werden.

Wird dem Wasser eines Baches Steine in den Weg gelegt, geht das Wasser damit sehr verschieden um. Diese unterschiedliche Reaktionen zeigen deutlich die Verschiedenheit des gewünschten Trostes auf:

- Ein Teil des Wassers strömt seitwärts an dem Stein vorbei.

- Das andere Wasser fließt über den Stein hinweg.

- Wieder anderes Wasser schiebt den Stein langsam talwärts.

Wichtig für den Begleiter ist es, darauf zu achten, was der Leidende jetzt braucht, was ihm jetzt gut tun würde. Um das zu wissen, muss er selbst etwas über das Leid und die Wünsche der Leidenden erfahren. Der Begleiter muss somit zunächst einmal hinhören. Bevor er etwas Falsches tut, sollte er zur Sicherheit fragen.

Trösten hat in erster Linie
mit Hinhören zu tun.

3.3.3 Die 5 Schritte des Tröstens

In dem Buch „Trösten – aber wie?" werden die 5 auf einander aufbauenden Schritte des Tröstens beschrieben:

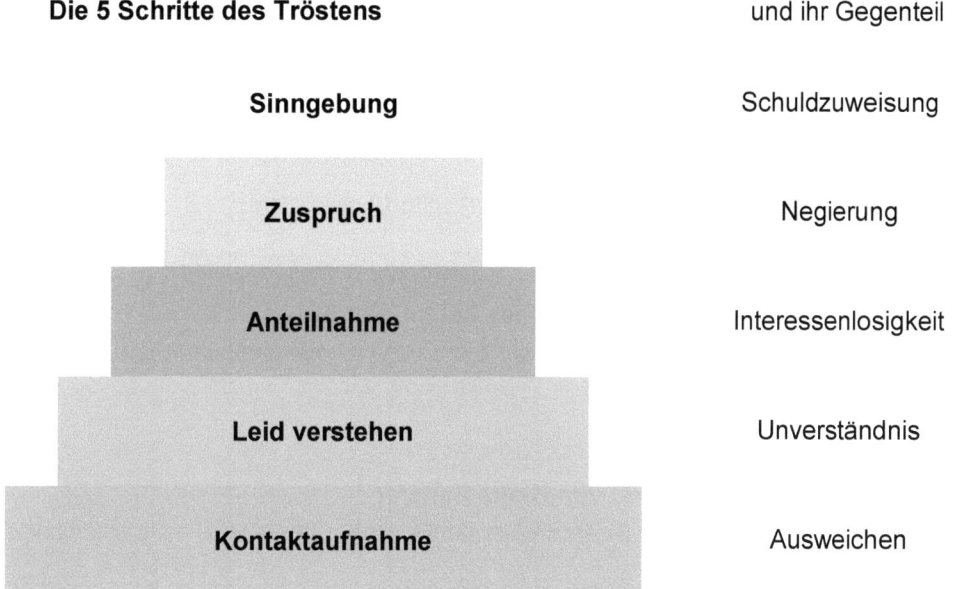

Die 5 Schritte des Tröstens	und ihr Gegenteil
Sinngebung	Schuldzuweisung
Zuspruch	Negierung
Anteilnahme	Interessenlosigkeit
Leid verstehen	Unverständnis
Kontaktaufnahme	Ausweichen

Keiner der Stufen kann übersprungen werden. Begleiter können sich nur von einem Schritt zum nächsten gehen. So muss z.B. zunächst das Leid verstanden werden, bevor man Anteilnahme ausdrücken kann. Dabei gilt der eherne Grundsatz der Kommunikation:

Kommunikation ist nicht das, was man sagt,
sondern das, was ankommt.

So kann die vermittelte Anteilnahme beim Leidenden nicht wirken, solange sich dieser nicht verstanden fühlt. Daher ist es so wichtig, beim Trösten Schritt für Schritt vorzugehen.

Bis zum Zuspruch sollte es jeder Begleiter schaffen. Die Sinngebung muss jedoch der Leidende selbst vollziehen. Der Begleiter kann – ähnlich einer Hebamme bei einer Geburt – nur Hilfestellung geben. So kann z.B. dem Begleiter der angebotene Sinn sehr einleuchtend erscheinen, doch für den Leidenden kann er völlig unpassend sein. Daher kann es Jahre dauern, bis der Leidende dem erfahrenen Leid einen Sinn geben kann. Manche Leidende erreichen diese 5 Stufe nie.

3.3.4 Weitere Bücher von Klaus Schäfer

Trösten - aber wie? Ein Leitfaden zur Begleitung von Trauernden und Kranken (2009) (5. Auflage)

Trauerfeiern beim Tod von Kindern Liturgische Hilfen zur Verabschiedung und Beerdigung (2010)

Sterben - aber wie? Leitfaden für einen guten Umgang mit dem Tod (2011)

Letzte Gespräche mit Oma (Kinderbuch) (Sadifa-Verlag) (2011)

Spuren kleiner Füße Erste Hilfe nach dem Tod eines Kindes (2012)

Tod, Jenseitsvorstellungen und Ewiges Leben
Die Frage nach den 'Letzten Dingen' in der Sicht von Naturwissenschaft und Glauben (2016)

Freie PDF-Dateien (Freebooks) von Klaus Schäfer

Dennoch gute Hoffnung Erfahrungsberichte und Daten zur vorgeburtlichen Diagnose (2010)

Die Spur der unendlichen Liebe Geschichte der Gottesbilder bis zu Vinzenz Pallotti´s Gott der unendlichen Liebe (2013)

Wenn Glauben schwer wird Wie Eltern nach dem Tod ihres Kindes weiterleben (2013)

Klage in Psalmen Biblische und andere Anleitung zur Klage (2013)

Ein Tag auf dem Friedhof Ein Kind lernt verschiedene Bestattungsformen kennen (2015)

Das Herz von Onkel Oskar Organspende für Jugendliche erklärt (2015)

Aktuelle Bücherliste unter: https://www.schaefer-sac.de

Umfangreiche Literaturliste zu Trauer und Trost unter: https://www.1trost.de